莊子

內篇

슬기바다 15

장자-내편

장자(莊子) 지음 | 오현중 옮김

홍익

옮긴이의 말

《장자》를 펴내며

　《장자》는《노자》와 함께 도가 사상의 원류로 불리는 고전 저작으로, 흔히 '노장사상'이라고 칭해지며 많은 사람의 추종과 사랑을 받아왔다. 두 사상은 '도(道)'라는 개념을 깊이 탐구하였다는 점에서 동일한 학파로 분류된다. 그런데 일반적으로 장자를 노자의 계승자라고 보기는 하지만, 자세히 들여다보면 둘 사이에 공통점만큼이나 뚜렷한 차이점을 발견할 수 있다. 간단히《장자》와《노자》를 비교하자면,《노자》는《장자》에 비해 체계적이고 개념적이며, 추상적이면서 정치적이다. 그에 반해《장자》는 구성이 복잡하고 뜻이 더 자유로우며, 문체가 문학적이면서 내용이 더욱 풍부하다. 이러한 점들은 중국 역대 어느 고전에서도 찾아보기 힘든《장자》고유의 매력이다

　이러한 이유 덕분인지《장자》는 특히 많은 '마니아'를 보유하고 있다. 필자 역시 그들 중 하나다.《장자》를 접하게 된 사람들이 그 매력에 빠지는 과정에는 몇 가지 단계가 있다. 첫 번째는 장자의 정신적 자유와 드넓은 포부, 고고해 마지않는 긍지에 매료되는 단계다.《장자》

는 여타 철학 텍스트와 달리 '장주'라는 작자의 형상이 강하게 드러난다. 단순히 논리와 논증을 통해 주장과 사상을 전개하기보다는 문학성 짙은 서술과 묘사로 독자 또한 작자의 심경을 오롯이 느낄 수 있게끔 만든다. 이러한 과정에서 우리는 《장자》를 '읽는다'기보다 장주의 삶과 경험을 '체험'하게 된다.

두 번째는 《장자》의 풍부한 철학적 상상력에 놀란 나머지 그 속에 세상 모든 철학적 담론이 포함되어 있다고 생각하는 단계다. 《논어》, 《맹자》, 《노자》, 《한비자》와 같은 기타 중국철학의 고전들은 철저히 '시공간' 속에 존재한다. 다시 말해, 이들 텍스트의 주요 내용은 당시 작자들이 처한 정치·사회적 환경을 직접적으로 반영하고 있다는 뜻이다. 물론 그 어떤 텍스트도 현실과 무관할 수 없겠지만, 《장자》를 읽다 보면 그 사상적 시야가 현실이라는 시공간을 훌쩍 뛰어넘었음을 느끼게 된다. 이러한 초월성 때문일까, 《장자》가 보여주는 철학적 이치들은 마치 인간이 마주하는 그 어떤 문제들에도 적용할 수 있을 것만 같다.

세 번째는 장자처럼 생각하고 장자처럼 행동하게 되는 단계다. 《장자》 속 이치들은 철학을 전문적으로 연구하는 학자에게만 의미 있는 것이 아니라, 우리의 삶에 직접적인 영향을 미친다. 고난과 역경의 시대를 살았던 장자는 한 인간이 다른 인간들과 자신이 속한 사회 그리고 자신의 내면과 어떤 관계를 맺어야 하는지를 치열하게 고민했고, 이 고민의 흔적을 《장자》에 담았다. 《장자》를 읽으며 그가 보고 듣고 느끼는 것들을 찬찬히 따라가다 보면 어느덧 나 역시 한 마리 '붕새'가 되어 장자의 눈으로 세계를 바라보고 있음을 발견하게 된다.

이 책의 독자들에게도 감히 부탁하건대, 단순히 《장자》를 '읽는' 것에 그치지 마시라. 장자에 따르면 진정한 도는 언어로 표현될 수 없다.

장자의 '입'이 아니라 '마음'이 되어 다 함께 그를 '체험해' 보자. 마지막 책장을 넘기는 순간, 장자가 '마음을 노닐었던' 또 다른 세상이 펼쳐질지 모를 일이니.

이 책이 세상에 나오기까지는 그야말로 오랜 시간이 걸렸다. 원래 청소년 독자를 위한 시리즈로 기획된 작업이었으나, 내부 회의를 거쳐 일반 독자에게까지 대상을 확장하는 것으로 방향을 선회하였다. 다만 전문 학술서적이 아니라, 불특정 다수의 독자에게 쉬우면서도 정확하게 원문 내용을 전달하고자 하는 교양서로서의 정체성만은 변함이 없다. 오직 《장자》에 대한 애정으로 작업을 여기까지 이끌고 오신 출판사 분들에게 우선 감사의 말씀을 드린다. 그리고 일반인 오현중이 아닌 학자 오현중으로서 이 책을 번역할 수 있게 만들어 주신 부모님과 할머니 그리고 가족에게 고개 숙여 감사를 표한다.

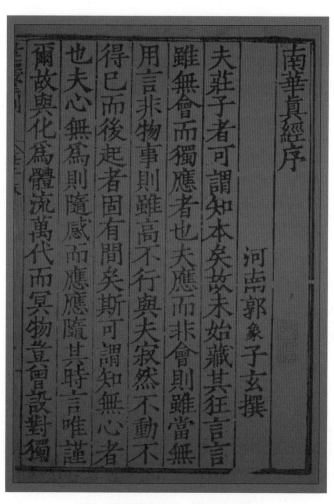

南華眞經序

河南郭象子玄撰

夫莊子者可謂知本矣故未始藏其狂言雖無會而獨應者也夫應而非會則雖當無用言非物事則雖高不行與夫寂然不動不得已而後起者固有間矣斯可謂知無心者也夫心無爲則隨感而應應隨其時言唯謹爾故與化爲體流萬代而冥物豈曾設對獨

장자, 《남화진경(南華眞經)-곽상주(郭象注)》

《장자》라는 책

《장자》는 전국 시기에 활동한 장자(莊子, 본명은 장주)와 그를 계승하는 후학의 손으로 집필된 도가의 저작이다. 당나라 시기에는 장자를 남화진인(南華眞人)이라 높여 부르기도 하였는데, 이에 따라《장자》또한 《남화진경》혹은《남화경》이라 불리기도 한다.《장자》는《노자》와 더불어 도가 사상의 뿌리를 이루는 작품으로서 후대 도가의 발전에 큰 영향을 미쳤다.《장자》특유의 자유롭고 풍부한 철학적 상상력은 현재까지도 많은 사람을 매료하고 있다. 동서양을 막론하고 다른 여러 사상과 함께 비교되어 읽히는 등 끊임없이 새로운 방식으로 해석되면서 그 생명력을 이어가고 있다.

《한서·예문지》의 기록에 따르면,《장자》는 원래 총 52편으로 이루어져 있었다. 이후 서진(西晉) 시기의 곽상(郭象)은 이를 간추려 총 33편으로 만들었다. 곽상이 편집한《장자》는 내편(7편)·외편(15편)·잡편(11편)으로 구성되어 있는데,《장자》가 처음 집필될 때부터 이러한 구분이 있었는지, 아니면 후대의 어떤 이가 이러한 구분을 더했는지는 정확히 알 수 없지만, 적어도 옛날부터 내편과 외·잡편을 구분한 것만은 분명해 보인다. 과거에는 곽상이 정리한 총 33편의《장자》판본 외에도 여러 형태의 판본이 존재했으나, 현재는 이 곽상본《장자》만이 전해지고 있다. 따라서 현재 우리가《장자》라고 말하는 것은 곽상이 간추린 총 33편의 《장자》이다.

그런데《장자》가 내편과 외·잡편으로 구분되어 있고, 또 여러 가지 판본으로 편집되어 전해진다는 것은 내용상 온전히 한 사람 손에서 집 필되지 않았음을 설명한다. 그렇다면《장자》의 작자는 과연 누구일까? 이는 "'장자' 혹은 '장주(莊周)'라는 인물이 지은 부분은 어디까지일까?" 라는 문제로 바꾸어 생각해 볼 수 있다. 일반적으로《장자》는 장자가 지은 부분에 후대에 그의 학문을 계승하는 자들이 지은 부분과 편집하고 옮겨 쓰는 과정에서 고의 내지는 실수로 섞여 들어간 내용이 합쳐져 있 다고 여겨진다. 따라서 장자라는 인물이 지은 '《장자》의 원본'이란 과연 무엇일까 하는 호기심이 끊임없이 사람들을 자극했다. 이 문제에 답하 기 위해 우선 내용과 구성상《장자》내편과 외·잡편 사이에 뚜렷한 차 이가 있다는 점에 주목해야 한다. 그 차이는 다음과 같다.

　첫째, 내편과 외·잡편은 문체와 완성도라는 측면에서 차이를 보인 다. 내편의 경우 문체가 수려하고 상상력 넘치는 비유와 묘사가 풍부하 여 문학적으로도 높은 평가를 받는다. 예를 들면, 〈소요유〉편의 붕새 이 야기, 〈제물론〉편의 호접몽 이야기, 〈양생주〉편의 포정해우 이야기 등 은 모두《장자》산문의 미학을 잘 드러내 주는 사례다. 또한, 내편은 각 편에 비교적 뚜렷한 주제가 있어 내용에 일관성이 갖추어져 있다. 하지 만 외·잡편은 내용이 서로 연결되지 않는 경우가 많고 문장 또한 지나 치게 난삽하여 가독성이 떨어지는 사례가 보인다.

　둘째, 내편과 외편은 개념 사용 방식에서 차이를 보인다. 내편에서는 도(道), 덕(德), 성(性), 명(明) 등 단음절 어휘만을 사용했으나, 외·잡편에 서는 도덕(道德), 성명(性命) 등 복합 어휘가 등장한다. 이는 내편이 외·잡편에 비해 시대적으로 앞선다는 것을 말해주는 중요한 사례다.

셋째, 내편은 각 편의 주제나 핵심 내용을 편명으로 삼았으나, 외·잡편은 대개 첫머리의 두 글자를 따서 편명으로 삼은 경우가 많다.

넷째, 내편에서는 장자를 '장주(莊周)' 혹은 '주(周)'라고 칭하였으나, 외·잡편에서는 '장주(莊周)'라는 호칭 외에도 '장자(莊子)'라는 존칭을 사용하였다. 이는 글을 기록한 작자가 장자가 아니라 장자를 추종한 후대의 인물임을 말해주는 중요한 증거가 된다. 또한, 내편에서는 《노자》의 구절을 직접 인용한 사례가 없으나, 외·잡편에서는 《노자》의 구절을 직간접적으로 다양하게 차용했다. 역시 성립 시기에 차이가 있음을 말해주는 사례다.

이상과 같은 이유에서 일반적으로 내편은 외·잡편에 비해 시대적으로 앞서 있으며, 내용에 일관성이 있다고 여겨진다. 정리하면, 외·잡편은 내편의 사상을 바탕으로 이를 부연하여 설명한 것이거나, 장자의 학문을 계승한 후대의 학자들이 자신들의 이해를 가미하여 《장자》라는 이름 아래 내용을 덧붙여 만든 이차 저작물이라 할 수 있다. 반면 내편은 작자를 판정하기가 까다롭다. 적어도 《장자》 전편을 통틀어 가장 핵심적인 내용을 담고 있다고 평가되는 〈소요유〉와 〈제물론〉만은 장자의 작품이라고 보는 경우가 일반적이지만, 한편으로 장자라는 인물의 존재 자체를 부정하는 견해도 있어 여전히 확정된 설이라 말할 수는 없다.

이처럼 진위 문제가 복잡하게 얽혀 있음에도 《장자》가 사람들에게서 높은 평가를 받는다는 사실은 우리가 고전을 접할 때 어떠한 태도를 지녀야 하는지를 잘 말해준다. 우리는 흔히 고전을 비범한 능력을 지닌 성인이나 초인의 지혜로 읽고 싶어 하는 경향이 있다. 한 인간을 영웅화하고 이를 숭배하고자 하는 일종의 영웅주의 사관이라 할 수 있다. 이러한 관점에 따른다면, 《장자》의 진위 문제는 더없이 중요한 문제일 수 있다. 만약 장자라는 어떤 비범한 인물이 아니라 이름 모를 후학이 장자 이름을 가탁하여 썼다면, 일순간 가치 없는 모조품으로 전락해 버릴 것이기 때문이다. 하지만 이는 명백히 본말이 전도된 사고방식이다.

《장자》가 뛰어난 평가를 받는 것은 내용 자체의 탁월함 때문이지, 그것이 '장자'라는 어떤 위대한 인물의 작품이라서가 아니다. 또한, 장자의 작품이 아니라고 여겨지는 외·잡편이 내편에 비해 학문적 가치가 떨어진다고 해서 우리가 이를 억지로 배척할 필요는 전혀 없다. 일단 《장자》라는 하나의 작품 안에 포함된 이상, 그것 자체로 장자와 장자학파의 사상이 어떻게 계승되고 발전되어 갔는지를 보여주는 귀중한 자료가 된다. 우리가 읽어야 하는 것은 어디까지나 《장자》라는 고전이지 '장자'라는 한 인간이 남긴 말이 아니기 때문이다. 따라서 이 책에서도 이러한 관점에 바탕을 두고 번역을 하였다. 때로는 번역과 독해의 편의에 따라 원문을 수정한 사례도 있지만, 기본적으로는 번역의 저본(底本)을 선정한 뒤, 그 원문을 그대로 따르고자 하였다. 내용의 진위 문제가 민감하게 다루어지는 부분은 전문적으로 이를 연구하는 학자에게 의미가 있을 뿐, 일반 독자가 《장자》를 이해하는 데는 큰 문제가 없다고 여겼기 때문이다.

간단히 언급하면, 이 책에서는 현재 널리 통용되고 있는 《속고일총서》본을 저본으로 삼았다. 다시 왕효어가 교열하고 곽경번이 엮은 《장자집석》과 진고응의《장자금주금역》등을 참고하여 선별적으로 원문을 교정하였다. 기본적으로는《속고일총서》본의 원문을 그대로 번역하되, 내용 이해에 큰 혼란을 줄 수 있는 부분만 역자의 판단에 따라 수정하는 것을 원칙으로 하였다. 독자들이 전체 내용의 핵심과 대강의 맥락을 충실히 파악한 뒤, 세부적인 내용은 자신의 이해를 바탕으로 스스로 문리를 터득해 나가기를 바라기 때문이다.

장자라는 인물

장자

장자의 이름은 주(周)이며, 자는 자휴(子休)라고 한다. 사마천의 《사기》에 따르면, 장자는 송(宋)나라 몽(蒙) 땅 출신으로 칠원(漆園)이라는 지역에서 말단 벼슬을 한 적이 있다. 또한, 양(梁)나라 혜왕(惠王), 제(齊)나라 선왕(宣王)과 동시대 인물이라고 하였으므로 그의 생존 연대를 기원전 370년~ 기원전 300년 사이로 추정할 수 있다. 사실 장자라는 인물은 역사의 전면에 드러난 적이 없어 그의 행적을 정확히 살필 방법이 없다. 다만 《사기》에 기록된 내용과 《장자》 외·잡편에 나타난 그의 일화를 통해 간접적으로 그의 인물됨을 추측할 수 있을 뿐이다. 《사기》에서는 다음과 같이 말하고 있다.

"그의 학문이 살피지 않는 바가 없지만, 그 요체는 결국 노자로 귀결된다. 그의 저서는 총 10만 자가 넘는 글로 이루어져 있는데, 그 대부분은 우화 형식으로 되어 있다. 〈어부(漁父)〉편, 〈도척(盜跖)〉편, 〈거협(胠篋)〉편 등은 모두 공자의 무리를 꾸짖으면서 노자의 학술을 밝힌 것이며, 〈외루허(畏累虛)〉편, 〈항상자(亢桑子)〉편 등은 모두 사실이 아닌 허구의 우화를 지어낸 것이다. 그렇지만 문장을 잘 짓고 분석이 뛰어나며, 적절한 고사와 비유를 들어 유가와 묵가를 논박하였으니, 당대의 내

로라하는 학파들도 이를 피할 수 없었다. 그의 말은 거친 파도와 같이 막힘이 없고 자유로웠는데, 이 때문에 어떤 제후나 중신들조차 그를 감히 기용하지 못했다."

한편, 잡편 〈열어구〉에는 송나라 조상이라는 자가 진나라에 사신으로 갔다가 왕의 환심을 사서 금의환향한 일화가 등장한다. 조상이 송나라로 돌아와 장자에게 이 일을 자랑하자 장자는 그에게 이렇게 일갈했다.

"진나라 왕은 병이 나면 의사를 부르는데 의사가 종기를 터뜨려 고름을 빼주면 수레 한 대를 상으로 내리고, 치질을 입으로 핥아서 고쳐주면 수레 다섯 대를 준다고 한다. 치료 부위가 더러우면 더러울수록 상으로 내리는 수레도 많아진다고 하던데, 지금 자네가 수레를 받은 것을 보니, 왕의 치질을 고친 것이 틀림없구나. 당장 물러가라!"

이러한 기록을 보면, 장자의 호방하면서도 고고한 성품이 잘 드러난다. 장자는 흔히 오해받는 모습과 달리 절대 현실 정치를 거부하거나 세상을 피해 은둔하지 않았다. 하지만 현실 정치와 세속적 가치를 강하게 혐오한 것은 분명해 보인다. 장자가 살았던 전국 시기는 온갖 제후가 천하의 패권을 두고 다투던 '군웅할거'의 시대였다. 이러한 혼란 속에서 학문을 배운 선비들, 즉 당시 지식인 계층은 각 나라 제후들을 찾아다니며 자신의 학설을 설파하고는 권력에 의해 쓰이기를 바랐다. 지금으로 말하자면 이른바 '자기 PR'에 열중한 것이다.

장자는 이러한 세태가 사회의 혼란을 더욱 가중한다고 여겨 온갖 가식과 명분으로 자신의 말과 행동을 치장하는 이들을 강력하게 규탄하였다.

《장자》에 유가와 묵가 비판이 자주 등장하는 것 역시 그들의 구체적인 사상을 비판했다기보다는 그러한 세태 자체를 비판한 성격이 짙다. 어떤 특정한 사상이나 주장은 본질적으로 일정한 규범성을 지닐 수밖에 없는데, 장자는 그러한 '규범성'이 도의 온전함을 훼손한다고 보았다.

이렇게 본다면, 《장자》의 수많은 비유와 우화 속에서 '자유와 초월'을 상징하는 형상들은 어쩌면 모두 장자 자신을 묘사한 것일 수 있다. 마치 곤이 대붕으로 변하여 남쪽으로 날아가듯, 장자 역시 혼란한 사회에서 벗어나 무한히 자유로운 정신의 세계를 대붕처럼 비행하고 싶었던 게 아닐는지.

《장자》를 어떻게 읽을 것인가?

　이 책을 기획하고 번역할 때 중요하게 생각했던 것 한 가지는, 최대한 독자들이 스스로 독해하고 이해할 수 있도록 돕자는 것이었다. 따라서 원문을 충실히 따라 직역하고자 하였고, 선입견을 줄 수 있는 과도한 해설은 배제하고자 하였다. 하지만 미리 밝혀두지 않으면 독자들이 스스로 독해하는 과정에서 혼란을 가중할 수 있는 개념이 있어 '길잡이'를 핑계 삼아 간단한 설명을 덧붙인다.

1. 도(道)란 무엇인가?

　도(道)는 모든 도가 사상을 통틀어 가장 중요한 개념이다. 노장사상을 비롯한 모든 도가 사상은 이 '도'라는 개념을 중심으로 뭉쳐 있다고 해도 지나친 말이 아니다. 이처럼 중요한 개념이니만큼 이를 잘못 이해했을 때, 도가 사상 자체에 대한 오해의 폭 또한 걷잡을 수 없이 커지게 된다. 이에 독자들의 이해를 방해하지 않는 선에서 도에 대한 간략한 설명을 더한다.

　《노자》 1장에서는 다음과 같이 말한다.

　"도가 말해진다면 항구적인 도일 수 없고, 이름이 명명된다면 항구적인 이름일 수 없다."

혹자는 이 구절을 '도는 말로 도저히 표현될 수 없는 신비하고 심오한 이치'임을 설명하는 것으로 해석한다. 완전히 틀린 해석이라고 볼 수는 없겠지만, 가장 중요한 부분을 놓쳤다. 만약 이러한 방식으로 위 구절을 이해한다면, '도는 왜 말로 표현될 수 없는가?'라는 의문이 자연스럽게 이어지게 된다. 하지만 정작 중요한 것은 '도는 말로 표현될 수 없다'는 사실 그 자체다. '말'이라는 것, 그리고 이름을 붙인다는 것은 도가 사상에 따르면 무엇인가를 '구분하는' 것이다. 그런데 이러한 '구분하는' 행위는 필연적으로 온전함을 훼손하는 결과가 따른다. 반대로 말하면, 도라는 것은 구분되지 않았기에 온전한 상태를 보존하고 있다.

〈제물론〉편의 설명을 살펴보자.

"이것과 저것이 그 상대를 얻지 못하는 상태를 가리켜 '도의 추〔道樞〕'라고 한다. '추'가 비로소 고리의 중심을 얻게 되면 무궁한 변화에 응하게 된다."

'추'는 바로 문을 여닫을 때 문이 회전할 수 있게 해주는 쇠붙이, 즉 지도리를 말한다. 어느 한 방향으로 고정되어 있지 않은 지도리는 중심을 지키며 문이 모든 방향으로 회전할 수 있도록 만들어 준다. 장자는 도를 바로 이 '추'에 비유하였다. 어떤 한 가지 방향으로 국한되지 않기에 도는 무궁한 변화에 응할 수 있다.

그런데 여기에서 우리가 기억해 두어야 할 것은 '도'란 어떤 '존재'나 '실체'를 의미하지 않는다는 점이다. 앞에서 《노자》1장의 해석을 두고 '도의 속성'을 말한 것이라고 하였는데, 도는 그러한 속성, 즉 구분되지 않았다는 속성 자체를 의미한다. 일반적으로 도는 우주와 인생의 가장 근원적 원리라고 이해된다. 이는 기독교에서 말하는 '신'도 아니고, 물리학에서 말하는 '입자'도 아니다. 우리 세계가 존재하고 운행·변화하게 해주지만, 실제로 어떠한 형태를 가지고 존재하는 것은 아니다. 그것이 실체로서 존재하는 순간, '형태'와 '이름'을 가지게 될 테고, 그렇게 된다면 도의 기본적인 속성과는 모순이 발생하기 때문이다. 따라서 도는 근원적인 원리이자 이치이며, 그 본질적 속성은 바로 구분되거나 규정되지 않았다는 것으로 이해해야 한다. 이 점은 《장자》를 읽는 동안 독자들이 반드시 염두에 두어야 할 사항이다.

2. 장자의 '말'

앞서 도의 속성에 관해 설명한 내용을 이해하였다면, 독자들은 장자가 '언어'에 관해 어떠한 관점을 지니고 있었는지를 어느 정도 가늠할 수 있을 것이다. 장자는 〈지북유〉편에서 다음과 같이 말한다.

"아는 자는 말하지 않고 말하는 자는 알지 못한다."

"도는 들어서 얻을 수 없으니, 들어서 얻은 것은 도가 아니다. 도는 눈으로 볼 수 없으니, 보아서 얻은 것은 도가 아니다. 도는 말할 수 없으니, 말해진 것은 도가 아니다."

 이처럼 장자는 언어의 한계를 분명히 인식하고 있었다. 예를 들어, 우리가 언어로 어떤 사물을 묘사한다고 할 때, 아무리 화려한 수식을 사용한다고 하더라도 사물을 있는 그대로 담아낼 수는 없다. 이는 언어뿐만 아니라 보거나 듣는 것 역시 마찬가지다. 눈으로 사물을 보면 사물의 '보이는 면'만을 받아들일 수 있고, 귀로 사물을 들으면 사물의 '들리는 면'만을 받아들일 수 있다. 형체가 있어 보고 듣고 말할 수 있는 사물 또한 완전히 받아들이는 것이 불가능한데, 형체가 없는 도라는 원리를 어떻게 말로 표현할 수 있을까? 이러한 고민은 장자가 새로운 형식으로 이치를 설명하도록 만들었고, 그 결과 《장자》의 독창적이면서 독특한 문장 형태가 완성될 수 있었다.

 〈우언〉편에 따르면, "내가 하는 말은 우언(寓言)이 열에 아홉을 차지하고, 중언(重言)이 열에 일곱을 차지하며, 치언(卮言)은 날마다 새롭게 등장한다"라고 하였다.

 우언이란 자신이 전달하고자 하는 의미를 우화에 담아서 말하는 방식이고, 중언은 저명한 인물의 말을 인용하여 자신의 말에 신빙성을 높이는 방식이며, 치언은 말에 어떠한 의도를 담지 않은 채 흘러나오는 대로 말하는 방식이다. 장자는 시종일관 이 세 가지 말하기 방식을 고수하면서 자신이 무엇인가를 규정하고 주장하는 일을 피하고자 하였다. 만일 장자가 자기 생각을 옳다고 확정하며 이를 남에게 주장하고 남을 논박하려 한다면, 그의 말은 정확히 도의 속성과 모순되는 상황에 빠지게 된다. 말이 지니는 이와 같은 한계를 피하고자 장자는 말보다는 뜻을 전하는 데 초점을 두었다. 〈외물〉편에 등장하는 다음 구절에서 우리는 장자의 의도를 분명히 읽을 수 있다.

"통발은 물고기를 잡는 도구이므로 물고기를 잡고 나면 통발은 잊힌다. 올가미는 토끼를 잡는 도구이므로 토끼를 잡으면 올가미는 잊힌다. 마찬가지로 말은 뜻을 전달하는 도구이므로 뜻을 전달하고 나면 말은 잊히기 마련이다. 그런데 사람들은 쓸데없이 말을 중시한다."

이러한 말하기 방식들 외에도 우리는 《장자》에서 빈번하게 사용되는 비유와 은유에 주목할 필요가 있다. 비유와 은유는 장자가 어떤 의미나 관념을 표현하기 위해 주로 사용하는 또 다른 '장자의 말'이다. 일반적으로 우리는 의미나 관념을 표현하기 위해 언어로 이를 개념화하여 표현한다. 하지만 언어로 개념화된 의미에는 반드시 일정 부분 손실이 발생하게 된다. 바로 언어가 가지는 국한성 때문이다. 따라서 장자는 의미를 어떤 개념이나 말로 설명하려 하지 않고, 비유나 은유를 들어 독자에게 상황 자체를 전달함으로써 독자 스스로 이를 느끼도록 하였다. 이른바 '말로 하지 않는 가르침'이 바로 이를 가리킨다. 《장자》를 접하는 독자들은 온갖 '황당무계'해 보이는 이야기들에 당황하기 십상이나, 이를 소홀히 지나쳐서는 안 된다. 장자는 허구의 존재를 지어낼 때, 그 이름 하나에도 심오한 의미를 담았다. 빠르게 책장을 넘기며 한 번에 뜻을 깨달으려 하기보다 장자가 던져주는 메시지들을 하나하나 찬찬히 곱씹어가며 장자의 '맛'을 음미해 나가는 것은 어떨까?

《장자》 내편 해제

　내편은 〈소요유〉, 〈제물론〉, 〈양생주〉, 〈인간세〉, 〈덕충부〉, 〈대종사〉, 〈응제왕〉 등 총 7개 편으로 구성되어 있으며, 각 편의 중심 내용을 요약하여 해당 편명으로 삼았다. 내편은 외·잡편에 비해 이른 시기에 성립되었으며, 장주 본인이 집필한 부분이 비교적 많이 포함되어 있다고 여겨진다. 심지어는 내편이 진정한 장자의 말이고, 외·잡편은 내편에 대한 해설서라는 견해도 있는 만큼, 《장자》 사상의 뼈대를 보여주는 중요한 부분이라 할 수 있다.

　그중에서도 첫 두 편인 〈소요유〉와 〈제물론〉편은 그야말로 《장자》와 장자 사상의 정수다. 내편에는 《장자》 전반을 관통하는 핵심 사상이 대다수 등장하는데, 한 가지 중요한 특징은 대다수가 직접적인 논증이나 설명이 아닌 우화와 비유의 형식으로 전개된다는 점이다. 따라서 문학적으로 보이는 묘사와 서술 속에 감추어진 철학적 이치를 파악해 내는 것이 《장자》 내편 독해의 관건이 될 것이다.

　〈소요유〉라는 편명은 '자유롭게 노닐다', '아무런 속박도 받지 않은 채 유유자적하다'라는 뜻으로 이해할 수 있다. 이는 《장자》가 가장 중요하게 여기는 마음의 태도를 비유적으로 표현한 말로, 가히 장자 사상의 백미에 해당한다고 볼 수 있다. 그런데 이러한 '소요유'라는 마음의 경지는 단순한 자유로움을 뜻하는 것이 아니다. 이러한 자유로움이 무엇을 말하는지, 속박에서 벗어난 상태가 무엇인지 알려면, 우선 마음을 속박하고 구속하는 것이 무엇인지를 알아야 한다.

그러나 너무 조급해할 필요는 없다. 사실《장자》전체의 내용은 바로 이 문제에 대한 해답을 찾는 과정이라고 보아도 무방하기 때문이다. 우선 〈소요유〉편에서는 '작음과 큼에 관한 논변'이 제기되며 우리의 가치에 대한 근본적인 회의를 제기한다. 장자에 따르면 대소, 장단, 선악, 미추와 같은 가치는 상대적인 것에 불과하나, 사람들은 이를 절대적인 것으로 받아들인 채 이러한 가치 판단에 '속박'되고 만다. 장자는 사람들의 이와 같은 고정된 시각을 무너뜨리고 때로는 희롱하면서 상대적 가치가 빚어내는 대립적 사고를 초월하라고 말한다. 〈소요유〉편에 여러 번 등장하는 '대붕'은 바로 이러한 경지에 다다른 장자 본인을 비유한다고도 볼 수 있다.

〈제물론〉이라는 편명은 두 가지로 해석할 수 있다. '제(齊)'라는 말은 '가지런하게 하다, 고르게 하다'라는 뜻이다. 제물론이라는 말은 '제/물론'으로 읽을 수도 있고, '제물/론'으로 읽을 수도 있는데, '제/물론'이라고 읽는다면 '세상 사람들의 각종 논의를 가지런하게 다스리다'라는 말이 되고, '제물/론'이라고 읽는다면 '만물을 평등하게 여기는 관점'이라고 이해할 수 있다. 두 가지 해석 가운데 어떠한 것도 가능하나, 이 둘을 관통하는 핵심이 여전히 〈소요유〉편의 주제와 맞닿아 있음을 간과해서는 안 된다. 즉 〈제물론〉에서는 자아의 구속과 상대적 가치의 대립을 넘어 도의 관점을 견지해야 함을 말하고 있다.

〈양생주〉라는 편명은 '생명의 주체를 수양하다'라는 뜻이다. 여기에서 생명의 주체란 정신을 가리키므로, 정신을 기르는 이치를 논한 편이라 볼 수 있다. 장자가 말하는 정신을 기르는 법에는 어떤 특별한 기술이나 기교가 있지 않다. 그저 자연을 따라야 한다고 말할 뿐이다. 우리는 이 '자연(自然)'이라는 말에 주목할 필요가 있다. 도가에서 말하는 자연은 일반적으로 생각하는 '자연 세계'가 아니다. 자연의 자(自)와 연(然)을 따로 떼서 해석해야 한다. 자(自)는 '스스로'라는 말이고, 연(然)은 '그러하다'라는 뜻이니, 이를 합치면 '스스로 그러하다'라는 말이 된다. 즉, 인위적인 것이 개입되지 않은 원래 그러한 상태, 저절로 그러한 상태를 가리켜 '자연'이라고 하는 것이다. 그렇다면 '정신을 기르기 위해 자연에 따라야 한다'라는 말 또한 인위적인 생각을 배제하고 사물을 있는 그대로 받아들이는 태도나 자세를 강조한 말로 이해할 수 있다.

〈인간세〉는 말 그대로 인간 세상을 말한다. 이 편에서는 인간 사회 속에서 발생하는 갈등과 분쟁을 그리는 한편, 올바른 처세와 처신의 이치를 말했다. 권모술수가 횡행하고 동족상잔이 빈번하던 혼란의 시기, 권력과 부귀영화를 향해 온 천하가 인간성을 내던지고 달려가던 절망의 역사 앞에서 장자는 '인간세'의 추악한 면모를 까발리고자 하였다. 그는 인위를 배제하고 자연을 따른다는 기본 원칙을 '부득이함에 따른다'는 행위 원칙으로 해석하여 제시하였다. '천하에 도가 있으면 성인이 뜻을 이루지만, 천하에 도가 없으면 겨우 목숨을 부지할 수 있을 뿐이다'고 말하는 그가 아비규환의 세상 속으로부터 한 발짝 떨어져 있었던 것도, 그럼에도 세상에 대한 애정 어린 비판을 포기하지 않았던 것도 모두 그에게는 '부득이'한 일이다.

〈덕충부〉라는 편명은 직역하면 '충만한 덕의 징표'라는 말이며, 풀어서 설명하면 '내면의 덕이 충만할 때 겉으로 드러나는 모습'으로 생각할 수 있다. 이 편에서 장자는 주로 덕에 관해 논했다. 장자가 사용하는 '덕(德)'은 우리가 일반적으로 사용하는 '도덕', '덕행'과 같이 일정한 윤리적 규범을 나타내는 말이 아니다. 장자의 덕은 '득(得, 얻다)'이라는 말과 통하는데, 얻어서 지니고 있다는 것은 타고난 것을 온전히 보전하는 상태를 가리킨다. 인위를 배제하고 자연을 보전한다는 의미에서 '덕'은 '도'가 우리에게 갖추어진 상태를 말하며, 즉 우리의 마음 상태를 가리키는 말로 이해할 수 있다. 〈덕충부〉편에서는 이러한 내면의 충만함을 설명하기 위해 우선 외면적으로 온전하지 않다고 여겨지는 갖가지 사물의 형상을 제시하고 이에 관한 우리의 상식을 타파하면서 진정한 덕이란 내면이 온전히 갖추어진 상태임을 설명한다.

〈대종사〉라는 편명은 '위대한 도를 스승으로 섬긴다'라는 뜻이다. 앞선 〈덕충부〉편에서 '덕'을 주로 논했다면, 〈대종사〉편에서는 더욱 포괄적인 의미로 거슬러 올라가 '도'를 논하였다. '도'가 만물에 갖추어져 있는 상태를 '덕'이라고 할 때, '도'는 만물이 '덕'을 갖추게 하는 근본적인 원리다. 따라서 '도'는 인간을 포함한 만물뿐만 아니라 우리가 살아가는 시공간 전체를 지탱하고 있다고 볼 수 있다. '도'는 우주를 운행하게 하고 우리 삶을 이루는 근본이므로 도의 관점에서 본다면 '만물은 모두 하나'다. 본편에서는 이 같은 관념을 바탕으로 천지와 인간을 하나로 보는 '천인합일'의 자연관, 죽음과 삶을 하나로 보는 '생사일여'의 인생관 등을 제시하였다.

〈응제왕〉은 '제왕이 갖추어야 하는 도리'라는 의미로 이해할 수 있다.

편명에서도 알 수 있듯이 이 편에서는 본격적으로 장자의 정치사상을 말하고 있다. 장자가 말하는 올바른 통치란 이른바 '무위의 정치'로서 왕은 함부로 자신의 의지를 펼쳐서는 안 되며, 사람들의 본성을 간섭하지 않고 백성들의 뜻을 그대로 따라야 한다. 바로 이러한 맥락에서 도가에서 강조하는 '무위자연'의 원칙이 도출된다. 위정자가 사사로운 판단과 조치를 멈추는 것이 바로 '무위(無爲)'의 원칙이며 백성들의 스스로 그러한 바에 따르는 것이 바로 '자연(自然)'이다.

莊子

內篇

일러두기

- 번역문의 기호 중 《 》, ?, !는 원문에서 쓰지 않았으나 이해를 돕고자 넣었다.

제1편

소요유 逍遙遊

1

멀고 먼 북쪽 바다에 물고기 한 마리가 살고 있었는데 이름을 곤이라고 했다. 곤의 크기는 몇천 리나 되는지 모를 정도였다. 어느 날 이 물고기가 변신을 하더니 새가 되었다. 그 새의 이름은 붕이라고 한다. 붕새의 등 길이는 몇천 리나 되는지 모를 정도다. (이 새가) 온 힘을 다해 날면, 그 날개가 마치 하늘에 드리운 구름과 같았다. 이 새는 바다가 크게 출렁일 때 남쪽 바다로 날아간다. 남쪽 바다는 천지(하늘의 연못)다.

北冥有魚, 其名爲鯤. 鯤之大, 不知其幾千里也. 化而爲鳥, 其名爲鵬. 鵬之背, 不知其幾千里也. 怒而飛, 其翼若垂天之雲. 是鳥也, 海運則將徙於南冥. 南冥者, 天池也.

冥(명) : 어두컴컴하다는 뜻. 표면적으로는 바닷물이 깊어 검푸른 모습을 나타낸다. 하지만 의미를 좀 더 들여다보면, 이는 장자가 강조하는 '도'의 특성을 형상화하여 나타낸 말이다. 장자는 우리가 사는 현상 세계를 '명확히 드러나고 구분된 것'으로 표현하고, 도의 세계를 '겉으로 잘 드러나지 않고 구분되지 않은 것'으로 표현하였다. 이처럼 《장자》에서는 가상의 이름을 만들어 낼 때도 심오한 철학적 의미를 담았는데, 이런 방식으로 표현된 말이나 이야기를 '우언(寓言)'이라고 한다.

北冥(북명) : 북쪽 바다

鯤(곤) : 큰 물고기 이름

鵬(붕) : 큰 새 이름

《제해》는 괴이한 일을 기록한 책이다. 《제해》에서는 다음과 같이 말한다. "붕새가 남쪽 바다로 갈 때에는 물을 쳐서 3천 리나 튀게 하고, 회오리바람을 타고 9만 리 하늘 위로 올라가며, 6월에 이는 큰 바람을 타고 날아간다."

이에 반해 아지랑이, 먼지는 생물이 숨을 쉬는 것에 따라 서로 날려 다닌다. 하늘이 푸르고 푸르른 것은 하늘 본래의 색깔일까? 아니면 그것이 멀어서 끝이 없기 때문에 그렇게 보이는 것일까? 붕새가 아래쪽을 내려다볼 때도 역시 이때와 같이 까마득한 광경일 것이다.

《齊諧》者, 志怪者也. 《諧》之言曰: "鵬之徙於南冥也, 水擊三千里, 搏扶搖而上者九萬里, 去以六月息者也." 野馬也, 塵埃也, 生物之以息相吹也. 天之蒼蒼, 其正色邪? 其遠而無所至極邪? 其視下也, 亦若是則已矣.

擊(격) : 치다

搏(박) : 두드리다

扶搖(부요) : 바다에서 부는 회오리바람

野馬(야마) : 아지랑이

塵埃(진애) : 먼지, 티끌

蒼(창) : 푸르다

해설

곤이라는 물고기와 붕이라는 새의 이야기가 등장한다. 이 동물들은 인간이 상상도 할 수 없을 만큼 거대한 모습으로 묘사된다. 한편 눈에 보이지 않을 정도로 작은 아지랑이, 먼지도 이야기되고 있다. 이들은 동물들이 내쉬는 숨결에도 이리저리 날린다. 이처럼 엄청나게 거대한 것과 엄청나게 작은 것이 함께 대비되어 등장하는 이유는 무엇일까?

크다고 하는 것, 작다고 하는 것은 일정한 것이 아니라 때에 따라서 달라지곤 한다. 2미터가 훌쩍 넘는 사람을 보면 보통 사람들은 그 사람을 크다고 생각하겠지만 기린과 비교하면 아주 작은 사람에 지나지 않는다. 장자는 크디큰 붕새를 우리에게 보여주면서, 좁은 세상에 머물러 있는 인간들에게 새로운 시야를 제공하고자 했는지도 모르겠다. 위로 올려다본 하늘은 그저 푸르게 보일 뿐이지만, 실제 넓은 우주는 끝없이 막막하고 어둠으로 가득 차 있는 것처럼 말이다.

또한 물이 고인 것이 깊지 않다면, 큰 배를 띄울 만한 힘이 없다. 물한 잔을 웅덩이에 부으면 지푸라기가 배가 되어 뜰 수 있지만, 그 위에 잔을 올려놓으면 바닥에 닿아버린다. 물은 얕은데 배가 크기 때문이다. 바람이 두껍게 쌓이지 않으면, 큰 날개를 짊어져서 띄울 힘이 없다. 이처럼 붕새가 9만 리를 날아올라 날갯짓을 감당할 만한 바람이 아래에 쌓이면, 그제야 붕새는 바람을 타고 날 수 있게 된다. 푸른 하늘을 등진 채 그 어떤 것에도 구애받지 않게 되면 비로소 남쪽을 향해 날아가고자 한다.

且夫水之積也不厚, 則其負大舟也無力. 覆杯水於坳堂之上, 則芥爲之舟. 置杯焉則膠, 水淺而舟大也. 風之積也不厚, 則其負大翼也無力. 故九萬里則風斯在下矣, 而後乃今培風. 背負靑天而莫之夭閼者, 而後乃今將圖南.

積(적) : 쌓이다

坳(요) : 움푹 파이다

膠(교) : 달라붙다

夭閼(요알) : 저지하다

圖(도) : ~하려고 하다

매미와 작은 비둘기가 붕새를 비웃으면서 말했다.

"나는 힘차게 날아올라서 느릅나무나 다목나무에 다다라 머물곤 하는데, 때때로는 거기에 닿지 못하고 땅에 내동댕이쳐질 때도 있다. 그런데 왜 붕새는 9만 리나 올라가서 남쪽으로 날아가는 건가?"

가까운 시골로 나가는 사람은 세끼 식량을 가지고 갔다가 돌아와도 여전히 배가 부를 것이고, 백 리 길을 가는 사람은 하룻밤 묵을 양식을 찧어서 준비해야 하며, 천 리 길을 가는 사람은 삼 개월 치 양식을 모아

준비해야 한다. 그런데 이 작은 벌레 두 마리가 무엇을 알겠는가!

蜩與學鳩笑之曰: "我決起而飛, 槍楡枋, 時則不至而控於地
而已矣, 奚以之九萬里而南爲?" 適莽蒼者, 三湌而反, 腹猶果
然. 適百里者, 宿春糧. 適千里者, 三月聚糧. 之二蟲又何知!

蜩(조) : 매미

學鳩(학구) : 작은 비둘기

槍(창) : 다다르다

楡(유) : 느릅나무

枋(방) : 다목나무

莽(망) : 우거진 시골

湌(찬) : 간식, 음식, 저녁밥

宿春糧(숙용량) : '용(春)'은 찧다, 절구질하다, '숙(宿)'은 묵다, '량(糧)'은 양식을
말한다. 하루 먹을 양식을 장만한다는 뜻으로, 원래는 '용숙량(春宿糧)'으
로 쓰는 것이 문법에 자연스러우나, 여기에서는 도치되어 사용되었다.

三月聚糧(삼월취량) : '취(聚)'는 모으다. 원래는 취삼월량(聚三月糧)으로 쓰는 것
이 자연스러우나, 여기에서는 도치되어 사용되었다.

작은 지혜는 큰 지혜에 미치지 못하고, 짧은 삶은 긴 삶에 미치지 못
한다. 왜 그러한지 아는가? 아침에 생기는 버섯은 밤과 새벽을 모르고
쓰르라미는 봄과 가을을 알지 못한다. 이들은 짧은 삶을 사는 것들이다.
초나라 남쪽에 명령이라고 부르는 거북이 살고 있었는데, 이는 오백

년을 봄으로 삼고, 오백 년을 가을로 삼는다고 한다. 아주 오랜 옛날에 대춘이라는 나무가 있었는데, 팔천 년을 봄으로 삼고, 팔천 년을 가을로 삼았다고 한다. 그리고 팽조는 장수한 것으로 특별히 유명한데, 보통 사람들이 이에 필적하려고 하니, 이 어찌 슬픈 일이 아니겠는가?

小知不及大知, 小年不及大年. 奚以知其然也? 朝菌不知晦朔, 蟪蛄不知春秋, 此小年也. 楚之南有冥靈者, 以五百歲爲春, 五百歲爲秋. 上古有大椿者, 以八千歲爲春, 八千歲爲秋. 而彭祖乃今以久特聞, 衆人匹之, 不亦悲乎!

菌(균) : 버섯

晦(회) : 밤

朔(삭) : 새벽

蟪蛄(혜고) : 쓰르라미. 1년 중 6월 말부터 9월 중하순까지만 산다.

冥靈(명령) : 전설로 전해지는 신령스러운 거북. 령(靈)은 신령스러운 동물을 가리키는데, 거북 역시 그중 하나다.

大椿(대춘) : 전설로 전해지는 오래된 나무의 이름

彭祖(팽조) : 전설로 전해지는 오래 산 사람의 이름

해설

'우물 안 개구리'라는 속담이 있다. 우물 안에서 하늘을 바라보는 개구리는 딱 그 정도만큼의 하늘밖에 보지 못하기 때문에 그것이 전부인 줄로만 안다. 장자가 보기에 우리 인간들은 마치 개구리 같다. 모든 것을 알고 있지는 않을 텐데, 자신들은 모든 것을 알고 있다고 착각하고 우쭐댄다. 작은 나무에 오르는 것이 전부인 매미나 작은 비둘기는 붕새의 뜻을 이해할 수 없다. 아침 한나절만 피는 버섯은 밤을 모르고, 여름 한철만 사는 매미는 봄, 가을, 겨울을 알 수 없다. 우리 인간도 매미나 버섯 같은 존재에 불과하다. 인간이 절대적인 존재라고 생각하는 것은 그만큼 위험하다.

그렇다면 어떤 태도를 지녀야 할까? 우선 자신이 처한 위치를 분명히 아는 것이 중요하다. 자신의 한계를 명확하게 깨닫고, 자신이 알고 있는 것이 절대적인 것이라고 생각해서는 안 된다. 예컨대 내 생각은 나에게만 옳은 것일 뿐인데, 그것을 절대적으로 옳은 것이라 생각하고 다른 사람에게 강요해서는 안 될 것이다.

장자가 말했듯이, 인간은 잘해야 100년 정도를 살아갈 뿐인데 수천, 수만 년을 살아가는 생물처럼 살아가려고 한다면 분명 문제가 발생하게 된다.

2

탕(湯)임금이 극(棘)이라는 신하에게 물었을 때도 이 이야기와 비슷했다.

"아득히 먼 불모지의 북쪽에 다시 까마득히 넓은 바다가 있으니, 바로 하늘의 연못입니다. 거기에는 물고기가 살고 있습니다. 그 너비는 수천 리나 되고 그 길이를 아는 사람은 없으며 이름은 곤이라 합니다. 또한 그곳에는 새가 살고 있는데 그 이름을 붕이라고 합니다. 그 등은 마치 태산 같고, 날개는 하늘을 뒤덮은 구름 같습니다. 회오리바람을 타고 9만 리 상공 위로 날아올라 구름조차 없는 곳에 이르러 푸른 하늘을 등진 후에야 남쪽을 향해 날아갑니다.

메추라기가 그것을 보고 비웃으며 말하기를, '저것은 또 어디로 가는 것인가? 나는 힘차게 날아올라도 몇 길도 오르지 못하고 아래로 떨어져 쑥대밭 사이를 날아다닐 뿐이다. 이것 역시 최대한 날아오른 것인데, 저 것은 또 어디로 가려고 애쓰는가?'라고 하였다는 겁니다."

이것이 바로 작은 것과 큰 것의 차이다.

湯之問棘也是已. 窮髮之北, 有冥海者, 天池也. 有魚焉, 其廣 數千里, 未有知其修者, 其名爲鯤. 有鳥焉, 其名爲鵬, 背若泰 山, 翼若垂天之雲, 摶扶搖羊角而上者九萬里, 絕雲氣, 負青 天, 然後圖南. 斥鴳笑之曰: "彼且奚適也? 我騰躍而上, 不過 數仞而下, 翺翔蓬蒿之間, 此亦飛之至也. 而彼且奚適也?" 此 小大之辯也.

湯(탕) : 중국 고대 은나라의 임금 탕왕을 말한다.

棘(극) : 은나라 탕왕의 신하인 하극(夏棘)을 말한다.

窮髮(궁발) : 풀이나 나무가 자라지 않는 황무지

泰山(태산) : 현재 중국 산둥 지방에 있는 산의 이름. 예부터 높은 산으로 유명
했다.

斥鴳(척안) : 척(斥)은 작은 연못, 안(鴳)은 메추라기. 작은 연못에 사는 메추라기
를 가리킨다.

騰躍(등약) : 힘차게 뛰어오름

仞(인) : 길이의 단위. 7자(대략 210센티미터) 또는 8자(대략 240센티미터)에 해당
한다.

蓬蒿(봉호) : 쑥대밭

辯(변) : 여기에서는 '차이, 구분, 분별'의 뜻으로 쓰였다.

해설

앞에서 나온 이야기와 비슷한 이야기를 다시 한 번 소개하고 있다. 그만큼 《장자》에서 중요하게 생각하는 내용이기 때문이다. '작은 것과 큰 것의 차이'라는 것은 인식의 차이를 말한다. 모든 생물은 각자 타고난 성질을 지닌 채 각자에게 알맞은 환경에서 살아가기 마련이다. 따라서 자신이 지닌 능력만큼, 자신이 처한 환경만큼 생각하게 된다.

작은 새가 볼 수 있는 세상과 큰 새가 볼 수 있는 세상은 분명히 다르기 때문에 작은 새와 큰 새는 생각하는 것도 다를 수밖에 없다. 인간도 마찬가지일 것이다. 누구나 처한 환경과 타고난 능력이 달라 보는 것도 느끼는 것도 생각하는 것도 다 다른데, 자신이 보고 듣고 생각하는 것이 무조건 옳다고 주장하면 안 될 것이다.

3

따라서 지혜가 어떤 한 관직에 효과가 있는 사람이 있고, 행실이 어떤 한 고을을 다스리기에 알맞은 사람이 있고, 덕이 어떤 한 임금의 마음에 들어맞고 온 나라 사람들에게 믿음을 살 만한 사람이 있으나, 이들이 우쭐대며 자신을 바라보는 모습은 마치 메추라기의 모습과 다를 바가 없다.

송영자는 그런 사람들을 비웃는다. 그는 온 세상이 그를 칭찬한다 해도 더 잘하려고 애쓰지 않고 온 세상이 그를 비난한다 해도 더 기죽는 일이 없었다. 그는 자기 내면과 외부 사물의 구분을 분명히 하고, 명예나 수모가 자신과 상관없는 밖의 일임을 확실히 구분하였다. 하지만 다만 그뿐이었다. 그는 세상의 평가에 조급해하지는 않았지만, 아직 완전하다고 할 수는 없었다.

故夫知效一官, 行比一鄕, 德合一君, 而徵一國者, 其自視也,
亦若此矣. 而宋榮子猶然笑之. 且擧世而譽之而不加勸, 擧世
而非之而不加沮, 定乎內外之分, 辯乎榮辱之竟, 斯已矣. 彼
其於世, 未數數然也. 雖然, 猶有未樹也.

效(효) : 효과나 효험이 있음

宋榮子(송영자) : 장자보다 앞선 시대의 사상가. 송(宋)나라의 영(榮)씨 성을 가진
　　　위인[子]이라는 뜻이다. 예부터 자(子)라는 말은 위대한 사상가를 높이는
　　　말로 사용되었다. 사상을 이어받은 후대의 사람들이 선대 사상가의 이
　　　름을 함부로 말하는 것은 예절에 어긋났기 때문에 이름 대신 자(子)라는
　　　명칭을 쓴 것이다. 공자(孔子), 맹자(孟子), 노자(老子), 장자(莊子) 등이 모
　　　두 이러한 사례다.

榮辱(영욕) : 명예로운 것과 치욕스러운 것

數(삭) : 급하다, 빨리하다

數數然(삭삭연) : 조급한 모양을 나타내는 의태어

　　열자는 바람을 타고 떠도는데, 경쾌하기가 이를 데가 없다. 한번 떠
나면 15일이 지난 뒤에야 겨우 돌아오곤 한다. 그는 복을 바라면서 급
급해하지 않는다. 이처럼 그는 땅을 딛고 걸어 다니는 일로부터는 벗어
났으나, 여전히 의지하는 바가 있다.

　　그런데 하늘과 땅의 기를 타고 온갖 기운의 변화를 다스려 끝없는 경

지에서 노니는 사람이 있다면 어디에 의지하는 바가 있겠는가? 그래서 "지인은 자기 자아가 없고, 신인은 공적이 없고, 성인은 이름이 없다"라고 말한다.

夫列子御風而行, 泠然善也, 旬有五日而後反. 彼於致福者, 未數數然也. 此雖免乎行, 猶有所待者也. 若夫乘天地之正, 而御六氣之辯, 以遊無窮者, 彼且惡乎待哉! 故曰: "至人無己, 神人無功, 聖人無名."

列子(열자) : 중국 춘추전국시대 정(鄭)나라의 사상가. 성은 열(列), 이름은 어구(禦寇)이다.

御(어) : 거느리다

泠然(영연) : 경쾌한 모습을 나타내는 의태어

善(선) : 훌륭하다, 능숙하다

旬(순) : 10일

六氣(육기) : 다양한 성질의 기운을 말함

해설

세 가지 유형의 인물을 보여주면서 그 차이를 논하고 있다.

첫 번째 인물은 능력이 매우 뛰어난 사람이다. 이 사람은 관직에 올라 임금을 모시고 백성들을 다스리기에 적합한 능력이 있다. 하지만 장자가 보기에 이러한 사람은 앞에서 말했던 '메추라기'와 별반 다르지 않다. 메추라기는 자신이 얼마나 하찮은 존재인지를 모른 채 자기 기준에서 붕새를 무시하였다. 이런 능력이 뛰어난 사람들도 마찬가지다. 이들은 스스로를 대단한 사람으로 생각하고 자신의 생각이 다 옳다고 여기곤 한다. 실제로는 아주 작은 능력을 지닌 한 인간일 뿐인데, 마치 자신이 모든 것을 다 아는 것처럼 행동한다는 것이다.

두 번째 인물은 첫 번째 유형의 인물과는 다르게 자신을 잘 파악하고 있다. 흔히 사람들이 좋다고 하는 것들, 옳다고 하는 것들이 진정으로 좋고 옳은 것이 아니라 각자 생각일 뿐이라는 사실을 깨닫고 있는 것이다. 따라서 그는 자신의 생각이 무조건 옳다고 주장하지도 않고, 남의 말을 듣고서 마음이 흔들리지도 않는다. 그렇기 때문에 오히려 더 자유롭게 살아갈 수 있다. 하지만 장자는 이 사람도 아직 완전하지는 않다고 생각한다.

세 번째 인물은 장자가 가장 이상적이라고 생각하는 유형이다. 이 유형에 속하는 인물은 바람을 타고 자유롭게 떠도는 것으로 묘사되는데, 이는 하나의 비유적 표현이다. 그 어떤 것에도 마음이 구애받지 않고 완전한 정신의 자유를 누린다는 뜻으로 이해할 수 있다.

● 내외의 구분(內外之分) : 안[內]은 자신의 내면을 말하고 밖[外]은 외부의 사람이나 일을 말한다. 자신의 생각, 타고난 성질 등은 안[內]에 있는 것들이고, 세상 사람들의 생각이나 말, 제도나 풍습 등은 밖[外]에 있는 것들이다. 장자는 이 둘을 구분하여 밖[外]에 있는 것들에 마음을 쓰지 말아야 한다고 주장한다.

● 지인(至人), 신인(神人), 성인(聖人) : 모두 이상적 경지에 오른 인간을 가리키는 말이다. 위 구절에서는 "지인(至人)은 자아가 없고, 신인(神人)은 공적이 없고, 성인(聖人)은 이름이 없다"라고 각각의 경지를 구분하지만, 비슷한 것으로 보아도 무방하다. 자아가 없다는 것은 자신의 생각이나 견해

에 집착하지 않는다는 뜻이다. 공적이 없다는 것은 일을 이루기 위해서 자신의 방식을 남에게 강요하지 않는다는 의미다. 이름이 없다는 것은 겉으로 드러나는 것을 추구하지 않는다는 뜻이다.

4

요임금이 천하를 허유에게 물려주고자 말했다. "해와 달이 이미 나왔는데도 횃불을 꺼뜨리지 않는 것은 빛을 내는 데에 헛수고를 들이는 것이지 않겠습니까? 때맞추어 비가 내리는데도 논밭에 물을 주는 것은 논밭을 윤택하게 하는 데에 괜히 수고롭기만 한 것 아니겠습니까? 선생께서 천하를 다스리는 자리에 오르신다면 천하가 잘 다스려질 텐데 아직도 제가 자리를 지키고 있으니, 스스로 부끄러움을 금할 수 없습니다. 요청컨대 천하를 다스려 주시기를 부탁드립니다."

堯讓天下於許由, 曰: "日月出矣, 而爝火不息, 其於光也, 不亦難乎! 時雨降矣, 而猶浸灌, 其於澤也, 不亦勞乎! 夫子立而天下治, 而我猶尸之, 吾自視缺然, 請致天下."

堯(요) : 유교에서 이상으로 받들고 있는 중국 고대 전설상의 임금

許由(허유) : 세상을 피해 산에 숨어 살았다고 전해지는 현명한 인물. 요임금이 찾아와 왕위를 물려주려고 하자, 더러운 이야기를 들었다며 강으로 달려가 귀를 씻었다는 이야기가 전해지고 있다.

爝火(작화) : 횃불

難(난) : 여기에서는 '헛수고'의 의미로 사용됨

時雨(시우) : 때맞춰 오는 비

浸灌(침관) : 물을 부어 천천히 스며들게 하는 것. 침(浸)은 물에 적신다는 의미
　　　　이고, 관(灌)은 물을 붓는다는 의미다.

缺然(결연) : 부끄럽고 어색한 모습을 표현하는 의태어

허유가 말했다. "그대가 천하를 다스려 천하는 이미 잘 다스려지고
있습니다. 그런데도 내가 그대를 대신하여 이름을 좇고자 하겠습니까?
이름이란 실질에 비교하면 손님의 위치에 지나지 않는데, 내가 굳이 손
님이 되고자 하겠습니까? 뱁새가 깊은 숲속에 둥지를 지을 때는 가지
한 개면 족하고, 두더지가 강물을 마실 때도 배를 채울 만큼 마시면 그
만입니다. 돌아가십시오. 천하가 내게 무슨 소용이 있겠습니까? 요리사
가 음식을 잘하지 못한다고 하더라도, 제사를 주관하는 자가 제사상을
넘어가서 그를 대신하지는 않는 법입니다."

許由曰:"子治天下, 天下既已治也. 而我猶代子, 吾將爲名
乎? 名者, 實之賓也, 吾將爲賓乎? 鷦鷯巢於深林, 不過一枝.
偃鼠飮河, 不過滿腹. 歸休乎君! 予無所用天下爲! 庖人雖不
治庖, 尸祝不越樽俎而代之矣."

鷦鷯(초료) : 뱁새

偃鼠(언서) : 두더지

庖人(포인) : 포(庖)는 부엌을 말한다. 포인(庖人)은 제사에서 음식을 담당하여 만
　　　　드는 요리사를 가리킨다.

尸祝(시축) : 제사에서 신에 대한 축원을 담당하는 사람. 즉 제사를 주관하는 사
　　　람을 가리킨다.

樽(준) : 술 그릇. 제사 도구다.

俎(조) : 고기 그릇. 제사 도구다.

해설

이름과 실물의 관계(명실 관계)를 장자는 손님과 주인의 관계로 표현하고
있다. 손님은 주인의 집에 잠시 찾아오는 사람일 뿐이지 원래 집에서 살고
있는 사람이 아니다. 이처럼 세상에 이름을 드날린다는 것은 일시적이고
순간적인 것으로서 우리가 추구해야 할 것이 아니다. 장자는 이름보다는
실제가 더 중요하다고 말하는 것이다.

뱁새나 두더지나 각자 적당한 만큼의 먹이만이 필요할 뿐 그 이상은 하나
도 좋을 것이 없다. 인간도 마찬가지다. 각자 자신이 추구해야 할 일들이
있다. 만약 과도한 욕심을 부린다면 분명 해가 될 것이다. 임금의 자리는
세상 사람들이 누구나 오르고 싶어 하는 자리이지만, 허유는 그것이 자신
에게 불필요하다는 것을 잘 알았다. 따라서 욕심을 부리지 않고 거절했던
것이다.

5

견오가 연숙에게 물었다. "내가 접여에게서 어떤 이야기를 들었는데,
너무 황당하고 터무니가 없이 (이야기가) 한없이 나가기만 하고 돌아올
줄을 몰랐네. 하늘의 은하수와 같이 밑도 끝도 없는 말에 놀라 두렵기까
지 했다네. 지나치게 상식을 벗어나는 말이었지."

연숙이 말했다. "그가 무엇이라고 말하던가?"

(견오가 말했다.) "막고야라는 산에 신인이 살고 있는데, 피부는 눈처럼 희고 몸매는 가냘프고 아름다우며 곡식을 먹지 않고 바람과 이슬을 마셨으며 구름을 타면서 용을 몰아 세상천지의 밖에서 노닌다고 한다네. 그가 정신을 집중하면 만물이 상하거나 병드는 일이 없고 곡식도 잘 여문다고 하네. 이 이야기가 황당하여 도저히 믿을 수가 없단 말이지."

肩吾問於連叔曰: "吾聞言於接輿, 大而無當, 往而不返. 吾驚怖其言, 猶河漢而無極也, 大有逕庭, 不近人情焉." 連叔曰: "其言謂何哉?" 曰: "藐姑射之山, 有神人居焉, 肌膚若氷雪, 綽約若處子. 不食五穀, 吸風飮露. 乘雲氣, 御飛龍, 而遊乎四海之外. 其神凝, 使物不疵癘而年穀熟. 吾以是狂而不信也."

肩吾(견오), 連叔(연숙) : 도를 터득한 사람으로 등장하는 가상의 인물

接輿(접여) : 초(楚)나라의 현인(賢人)으로 공자와 같은 시대에 살았다고 전해짐

往而不返(왕이불반) : '밑도 끝도 없다'라는 말과 비슷한 표현. 이야기가 황당하게 끝없이 나아간다는 의미다.

驚怖(경포) : 두려워하다

河漢(하한) : 은하수. 은하수가 길게 뻗어 있는 모습이 마치 강과 비슷하다는 데에서 유래한다.

藐姑射(막고야) : 사(射)는 여기서 '야'로 읽는다. 산 이름이다.

神人(신인) : 일반적 인간의 경지를 넘어선 이상적 인간을 가리키는 말

綽約(작약) : 부드럽고 매끄러운 모습

五穀(오곡) : 직역하면 다섯 가지 곡식. 구체적으로 기장, 피, 조, 깨, 보리, 콩, 쌀

등을 말하지만, 여기에서는 일반적인 '곡식'을 뜻한다.

疵癘(자려) : 질병

年穀(연곡) : 곡식

연숙이 말하였다. "그렇겠지. 장님은 아름다운 무늬가 소용이 없고, 귀머거리는 악기의 소리가 무의미한 법이지. 그런데 어찌 신체에만 장님과 귀머거리가 있겠나? 정신에도 역시 그러한 것이 있네. 이 말은 바로 지금의 자네에게 딱 들어맞는 말이네. 신인은 만물과 한데 어울릴 수 있는 덕을 지니고 있지만, 세상 사람들이 모두 분란을 일으키기를 좋아하는데 그가 무엇 때문에 천하의 일에 애쓰고자 하겠는가? 신인은 그무엇에 의해서도 다치지 않고, 홍수가 나서 하늘에 닿을 지경이 되어도 빠지는 일이 없으며, 큰 가뭄으로 쇠와 돌이 녹아 흐르고, 흙과 산이 타들어 간다 해도 뜨거움을 느끼지 않는다네. 그의 껍데기만 가지고도 요임금, 순임금을 만들어 낼 수 있는데, 그가 무엇 때문에 천하의 일에 애쓰고자 하겠는가?"

連叔曰:"然, 瞽者無以與乎文章之觀, 聾者無以與乎鍾鼓之聲. 豈唯形骸有聾盲哉? 夫知亦有之. 是其言也, 猶時女也. 之人也, 之德也, 將旁礴萬物以爲一, 世蘄乎亂, 孰弊弊焉以天下爲事! 之人也, 物莫之傷, 大浸稽天而不溺, 大旱金石流, 土山焦而不熱. 是其塵垢秕穅, 將猶陶鑄堯舜者也, 孰肯以物爲事!"

瞽(고) : 눈이 멀다. 고자(瞽者)는 장님을 말함

聾(롱) : 귀가 멀다. 농자(聾者)는 귀머거리를 말함

鍾鼓(종고) : 종과 북. 여기서는 악기 소리를 가리킨다.

豈(기) : 어찌, 어떻게. 의문사에 해당한다.

猶(유) : 오히려, 같다. 여기에서는 '같다'의 뜻으로 해석된다.

旁(방) : 널리, 두루 퍼지다. 섞이다

礴(박) : 널리 퍼지다. 내용의 흐름상 방박(旁礴)은 온 세상 만물에 스며들어 가
　　　는 것을 의미한다.

蘄(기) : 구하다

孰 : 누구. 의문사에 해당한다.

塵垢粃糠(진구비강) : 각각 티끌, 때, 쭉정이, 곡식의 껍데기를 가리킨다. 하찮고
　　　소용없는 것을 의미한다.

陶鑄(도주) : 도(陶)는 도자기를 빚는 것을, 주(鑄)는 쇠를 만드는 것을 의미한다.

堯舜(요순) : 요임금과 순임금을 말한다. 모두 전설로 전해지는 훌륭한 임금이다.

해설

신인(神人)이란 도가에서 말하는 이상적인 인간 유형을 가리키는 말이다. 세상의 어떤 일에도 구애받지 않고 절대적인 자유 속에 사는 사람을 말한다. 이들은 실제의 인물은 아니지만, 인간이 추구해야 하는 본보기로 말해지고 있다.

견오와 연숙의 대화는 이 신인의 경지가 얼마나 대단한 것인지를 말해준다. 일반인들이 보기에 신인들이 살아가는 경지는 터무니없이 황당하다. 보통의 사람들이 생각하는 수준에서 가장 대단한 사람은 모든 권력을 지닌 임금일 것이다. 하지만 이러한 임금, 그중에서도 가장 위대한 요임금조

차도 신인에 비해서는 겨우 '하찮은 일을 하는 사람'에 지나지 않는다. 신인은 굳이 임금의 자리에 올라 세상을 다스리거나 하지 않아도 세상 만물과 뒤섞여 큰 영향을 미치고 있다. 하지만 일반 사람들은 식견이 부족하기 때문에 그저 눈으로 드러나는 권력, 재물과 같은 것만 대단하다고 여기는 것이다.

송나라 사람이 갓을 장사 밑천으로 가지고 월나라로 팔러 갔는데, 월나라 사람들은 머리를 짧게 깎고 몸에 문신을 하고 있어 갓이 필요 없었다. 요임금이 천하의 백성들을 다스려 세상의 정치를 평화롭게 하였지만, 막고야산을 찾아 분수의 북쪽에서 신인 네 명을 만나고는 그만 멍하니 넋이 나가 자신이 다스리던 천하조차 잊어버리고 말았다.

宋人資章甫而適諸越, 越人斷髮文身, 無所用之. 堯治天下之民, 平海內之政, 往見四子藐姑射之山, 汾水之陽, 窅然喪其天下焉.

宋人(송인) : 송나라 사람. 《장자》에서는 주로 어리석은 사람들을 나타내는 데 사용된다.

章甫(장보) : 송나라 지방에서 사용하던 갓의 이름

汾水(분수) : 지금의 중국 산시성에 있는 강 이름

窅然(요연) : 넋 나간 모습을 표현하는 의태어

해설

앞의 이야기를 이어받아 일반 사람들의 짧은 식견을 비유해 보이고 있다. 송나라 사람들은 스스로를 유능한 장사꾼이라고 생각한다. 이들은 좋은 갓을 만들어 내서 이웃 나라에 팔아 큰돈을 벌고자 한다. 하지만 이웃 나라인 월나라에서는 날씨가 더워 갓을 쓰지 않는다. 송나라 사람들은 어리석게도 자기 기준에서 모든 것을 판단하여 두루 살피지 못했던 것이다.

장자는 송나라 사람들의 어리석은 모습이 마치 우리 모습과 같다고 생각했다. 더 큰 세계에서 보면 아무것도 아닌 권력을 위해 인간들은 서로 죽이기를 반복해 왔다. 좁은 세계에 갇혀서 진정한 자유와 행복을 누리지 못하고 있다는 것이다.

6

혜자가 장자에게 말하였다. "위나라 왕이 내게 큰 박씨를 보내주었는데 그것을 심었더니 자라서 다섯 섬들이의 박이 열렸네. 여기에 마실 물을 담아보니 너무 무거워서 들 수조차 없었다네. 그래서 이를 쪼개서 바가지를 만들었더니 널찍하고 평평해서 이번에는 아무것도 담을 수가 없었지. 괜히 크기만 하고 쓸모가 없기에 나는 이것을 부숴버리고 말았다네."

장자가 말하였다. "자네는 큰 것을 쓰는 법이 정말 서툴군. 송나라 사람 중에 손이 트지 않는 약을 잘 만드는 사람이 있었는데, 대대로 솜을 물에 빠는 일을 하였다네. 한 손님이 그 얘기를 듣고 손이 트지 않도록 하는 약을 만드는 비법을 큰돈을 주고 사겠다고 제안하였지. 송나라 사람은 가족을 모아놓고 상의하였다네. '지금까지 우리는 대대로 솜을 빼는 일을 하고 있지만 겨우 푼돈을 버는 데 불과했다. 그런데 지금 그 기술을 팔면 하루아침에 큰돈을 벌 수 있게 생겼으니 비법을 그에게 내 주자.'

비법을 얻은 손님은 오나라로 가서 왕에게 이 약을 전쟁에 사용하도록 선전을 했지. 그런데 마침 월나라가 오나라를 침범해 오는 바람에 오나라 임금은 그를 장수로 삼았다네. 겨울철에 월나라 군사들을 물에서 맞아 싸워 크게 무찔렀고, 결국에는 오나라에서 영토까지 받아 제후가 되었다네. 손을 트지 않게 하는 비법은 같았지만 어떤 사람은 그것으로 나라의 땅을 받고, 어떤 이는 솜을 빼는 일에서 벗어나지 못했어. 이것은 그 비법을 어디에다 쓰느냐가 달랐기 때문인 것일세.

지금 자네에게 다섯 섬들이 큰 박이 있다면 어째서 그것으로 큰 배를 만들어 강호에 띄워둘 생각은 하지 않는가? 그러면서 그것이 널찍하고 평평하여 아무것도 담을 수 없다고 걱정했으니, 자네는 작고 꼬불꼬불한 쑥대처럼 옹졸한 마음을 가지고 있는 모양일세."

惠子謂莊子曰: "魏王貽我大瓠之種, 我樹之成而實五石, 以盛水漿, 其堅不能自舉也. 剖之以爲瓢, 則瓠落無所容. 非不呺然大也, 吾爲其無用而掊之." 莊子曰: "夫子固拙於用大矣. 宋人有善爲不龜手之藥者, 世世以洴澼絖爲事. 客聞之, 請買其方百金. 聚族而謀曰: '我世世爲洴澼絖, 不過數金. 今一朝而鬻技百金, 請與之.' 客得之, 以說吳王. 越有難, 吳王使之將. 冬, 與越人水戰, 大敗越人, 裂地而封之. 能不龜手一也, 或以封, 或不免於洴澼絖, 則所用之異也. 今子有五石之瓠, 何不慮以爲大樽而浮乎江湖, 而憂其瓠落無所容? 則夫子猶有蓬之心也夫!"

惠子(혜자) : 성은 혜(惠), 이름은 시(施)라고 한다. 장자와는 친분이 있는 사이이
　　　　며, 서로 사상을 교류하는 내용이 책에 자주 등장한다. 언어와 논리의 문
　　　　제를 주로 다뤘던 '명가 학파'에 속하는 인물로서 위(魏)나라 재상의 자
　　　　리에까지 올랐다.

魏王(위왕) : 위(魏)나라 혜왕(惠王). 수도를 대량(大梁)에 두었으므로 위나라를
　　　　양(梁)나라라고도 부른다.

瓠(호) : 박

堅(견) : 원래는 견고하다는 뜻이지만 여기에서는 무겁다는 뜻으로 쓰였다.

石(석) : 부피나 무게를 재는 단위. 설문해자(說文解字)에 따르면 120근(72킬로
　　　　그램)을 나타낸다고 하며, 사전에는 열 말(180리터)을 나타낸다고 하는데
　　　　확실치는 않다.

瓢(표) : 바가지

落(락) : 납작하고 평평함. 엄청나게 큰 박을 쪼개서 바가지를 만들면 잘린 조각
　　　　이 평평하게 되어 물을 담을 수가 없다.

呺然(효연) : 엄청나게 큰 모양을 표현하는 의태어

龜(귀) : 추울 때 손이 트는 것을 말함. 추운 날 차가운 물에서 솜을 세탁하면 금
　　　　방이라도 손이 트고 얼어버릴 것이다.

洴澼(병벽) : 솜을 빨다

絖(광) : 해묵은 솜

方(방) : 비방, 비법

百金(백금) : 금(金)은 당시의 화폐 단위다. 백금(百金)이라는 말은 아주 큰돈을
　　　　의미한다. 비슷하게 천금(千金) 또는 만금(萬金)이라는 표현을 사용하기

도 한다.

吳(오)·越(월) : 각각 오나라와 월나라를 가리킨다. 중국의 춘추시대 때 양쯔강 하류에 있던 나라다. 서로 원수지간으로 유명하여 '오월동주'(서로 원수지 간인 사람들이 한자리에 있게 된 경우나 서로 협력하여야 하는 상황을 비유적으 로 이르는 말)라는 사자성어가 생기기도 하였다.

封(봉) : 과거 중국에서는 한 나라의 임금이 큰 공을 세운 신하에게 영토를 나누 어주어 다스리게 하였다. 이를 표현할 때 봉(封)이라는 글자를 사용한다. '제후로 봉하다'라는 표현이 그러한 사례다.

大樽(대준) : 큰 술통

蓬之心(봉지심) : 봉(蓬)은 쑥을 말한다. 쑥은 곧게 자라지 않고 꾸불꾸불하게 자 라므로 '쑥과 같은 마음'이라는 표현은 속이 좁고 옹졸한 것을 뜻한다.

해설

혜시와 장자는 서로 친구이면서도 늘 생각이 달라 논쟁을 벌이곤 한다. 이 구절에서도 먼저 혜시가 장자의 사상이 터무니없고 황당하다고 공격한다. 마치 커다란 박 열매처럼 거대하기만 하지 아무 쓸모가 없다는 것이다. 이 에 장자는 송나라 사람의 사례를 들며 혜시의 생각이 좁다고 반박한다. 똑 같은 약을 가지고 한 사람은 고작 빨래를 하는 데 사용했다면 한 사람은 전 쟁에서 사용하여 큰일을 할 수 있었다. 물론 이러한 이야기는 단순히 비유 일 뿐이다. 혜시처럼 생각하는 것이 좁고 편협하면 자신이 했던 이야기의 진정한 의미를 깨닫지 못할 것이라는 말이다.

7

혜자가 장자에게 말하였다. "내게 큰 나무 한 그루가 있는데 사람들은 그것을 가죽나무라 부른다네. 큰 줄기는 울퉁불퉁해서 직선을 그리는 자로 사용할 수 없고, 작은 가지는 꼬이고 구부러져 있어 원이나 네모꼴을 그리는 도구로 사용할 수 없다네. 그래서 길가에 서 있지만 목수가 거들떠보지도 않지. 지금 그대의 말은 크기만 하고 쓸 곳이 없으니 사람들이 하나같이 외면하는 것이라네."

장자가 말하였다. "자네는 고양이나 족제비를 보지 못했는가? 몸을 낮추고 엎드려서 뛰어나올 먹이를 노리는데 높은 곳, 낮은 곳을 가리지 않고 이리 뛰고 저리 뛰다가 결국 덫이나 그물에 걸려 죽고 말지. 반면에 크고 검은 소 하나를 떠올려보게. 그 덩치가 마치 하늘에 드리운 구름과도 같지. 비록 쥐를 잡지는 못하지만 훨씬 더 큰일을 할 수 있다네.

지금 자네는 이처럼 큰 나무를 가지고 있으면서도 쓸모가 없다고 고민하는데, 어째서 아무도 없는 광활한 들판에다 심어두고 유유자적하게 그 곁을 돌아다니며 노닐다가 드러누워 잠을 자거나 하지는 않는가? 그 나무는 도끼에 찍힐 일도 없고 아무도 해칠 사람이 없는데, 쓸모가 없다고 해서 무슨 괴로움이 있겠는가?"

惠子謂莊子曰: "吾有大樹, 人謂之樗. 其大本擁腫而不中繩墨, 其小枝卷曲而不中規矩, 立之塗, 匠者不顧. 今子之言, 大而無用, 衆所同去也."
莊子曰: "子獨不見狸狌乎? 卑身而伏, 以候敖者, 東西跳梁, 不避高下. 中於機辟, 死於罔罟. 今夫斄牛, 其大若垂天之雲. 此能爲大矣, 而不能執鼠. 今子有大樹, 患其無用, 何不樹之

於無何有之鄕, 廣莫之野, 彷徨乎無爲其側, 逍遙乎寢臥其
下? 不夭斤斧, 物無害者, 無所可用, 安所困苦哉!"

樗(저) : 가죽나무. 잎에서는 악취가 나고 줄기는 울퉁불퉁하여 재목으로 사용할
　　　수 없다.

擁腫(옹종) : 종기. 나무에 울퉁불퉁한 혹이 있음을 말한다.

中(중) : 맞다, 적합하다

繩墨(승묵) : 먹줄. 곧은 줄을 긋는 데 쓰는 도구

規矩(규구) : 그림쇠. 지름이나 선의 거리를 재는 도구다.

匠者(장자) : 목수

去(거) : 버리다

狸狌(이성) : 이(狸)는 야생 고양이, 성(狌)은 족제비

候(후) : 노리다

敖者(오자) : 닭이나 쥐 종류를 가리킨다.

東西跳梁(동서도량) : 동쪽 서쪽으로 뛰어다님. 이리저리 날뛰는 모습을 표현하
　　　는 말이다.

斄牛(태우) : 털이 긴 소

해설

혜시는 계속해서 장자의 말이 쓸모가 없다고 비판하고 있다. 자신에게 울
퉁불퉁한 나무 한 그루가 있는데 크기만 클 뿐 (사람들에게 필요한) 어떤 물
건도 만들 수 없다는 것이다. 역시 장자의 말을 비꼬고 있다.

하지만 장자 역시 가만히 있지는 않는다. 고양이나 족제비를 예로 들며, 보
통 사람들이 쓸모 있다고 하는 것이 얼마나 의미 없는지를 말한다. 고양이

나 족제비는 이리저리 열심히 돌아다니며 쥐도 잡고 닭도 잡고 하지만 그래봤자 결국 그물에 걸려서 죽게 될 뿐이라는 것이다. 하지만 검은 소는 쥐 한 마리 잡지 못해도 즐겁고 편안하게 삶을 살 수 있다.

이를 우리 인생에도 비유할 수 있을 것이다. 사람들은 쓸모 있고, 가치 있는 것들을 말하며 그것을 추구하려고 온갖 고생을 다하지만 과연 그것이 진정으로 인간에게 의미 있는 일인지는 아무도 모른다. 권력을 차지하기 위해 돈을 쓰고 전쟁을 벌인다 한들, 죽으면 그것이 무슨 소용인가?

● 방황(彷徨)·소요(逍遙): 여유롭게 배회하고 노님. 장자가 매우 중요하게 사용한 말로서, 단순히 놀거나 유랑하는 것을 의미하는 것이 아니라 세속에 구애받지 않고 자유를 누리는 것을 의미한다. 특히 소요라는 말은 《장자》 내편 첫 번째 장의 제목으로도 쓰일 만큼 중요하고 빈번하게 사용된다.

● 무하유지향(無何有之鄕)·광막지야(廣莫之野): 각각 직역하면 어떠한 것도 없는 고장 그리고 광활한 들판. 이는 장자의 이상향을 표현하는 말이다. 하지만 실제로 아무것도 없는 적막하고 황량한 땅을 가리키는 것이 아니라, 절대적인 자유를 누리는 정신세계를 의미한다. 일반적인 사람들은 세속의 가치, 자신의 고집 속에 갇힌 채 하루하루 힘들게 현실을 살아가기 마련이다. 하지만 장자는 인간을 괴롭히는 이러한 장애물들에서 벗어나 절대적인 정신적 자유를 갖기를 주장하였다. 그러한 자유를 찾은 인간의 삶은 마치 '아무것도 없는 고요한 땅'에서 여유롭게 지내는 것과 같지 않을까?

제2편

제물론 齊物論

1

남곽자기가 탁상에 비스듬히 기대어 앉아 하늘을 멍하니 쳐다보며 길게 한숨을 내쉬는데, 멍한 모습이 마치 자아조차 망각한 것 같았다. 안성자유가 앞에서 그를 모시고 있었는데, 그 모습을 보고 말했다. "왜 그렇게 있으십니까? 육체란 원래 마른 나무처럼 만들 수 있고, 마음이 란 원래 불 꺼진 재처럼 만들 수 있는 것입니까? 오늘 탁상에 기대어 계신 모습은 예전의 모습과는 다른 것 같습니다."

남곽자기가 대답했다. "언아, 참으로 좋은 질문이구나! 오늘 나는 나 자신조차 버렸던 것을 너는 알아챌 수 있었느냐? 너는 사람이 내는 피리 소리를 들어본 적이 있을 것이다. 그렇지만 땅이 내는 피리 소리는 들어보지 못했을 것이다. 설령 땅의 피리 소리를 들어본 적이 있다고 한들, 하늘의 피리 소리는 들어보지 못했을 것이다!"

南郭子綦隱机而坐, 仰天而噓, 嗒焉似喪其耦. 顏成子游立侍乎前, 曰: "何居乎? 形固可使如槁木, 而心固可使如死灰乎? 今之隱机者, 非昔之隱机者也." 子綦曰: "偃, 不亦善乎而問

之也! 今者吾喪我, 汝知之乎? 汝聞人籟而未聞地籟, 汝聞地
籟而未聞天籟夫!"

南郭子綦(남곽자기) : 남쪽 성곽에 사는 '자기(子綦)'라는 이름의 인물. 초나라의
　　　　사상가. 득도한 자의 모습을 표현하기 위해 장자가 가상으로 지어낸 인물
　　　　이다.

噓(허) : 천천히 숨을 내쉬다

嗒焉(탑언) : 멍한 모습을 표현하는 의태어

耦(우) : 본래 글자의 뜻은 '짝'이지만, 의미상 '자기 자신'으로 해석하였다.

顔成子游(안성자유) : 자기(子綦)의 제자. 성은 안(顔)이고, 이름은 언(偃)이다. 자
　　　　유(子游)는 자(字), 성(成)은 시호(諡號)다.

槁木(고목) : 마른 나무. 살아 있는 나무가 아니라 죽은 나무를 의미한다.

死灰(사재) : 불이 꺼지고 남은 재. 역시 살아 있는 불과 반대되는 의미에서 '죽
　　　　은 재'라고 표현하고 있다.

汝(여) : 너. 2인칭의 호칭에 해당한다.

籟(뢰) : 피리 소리

자유가 말했다. "감히 그 도리를 묻습니다."

자기가 대답했다. "대지가 기운을 내쉬는 것을 이름하여 바람이라 한
다. 이것은 비록 일어나지 않을 수는 있어도 한번 일어난다면 곧 온갖
구멍이 성난 듯이 소리를 낸다. 이런 거센 바람이 불어대는 소리를 들
어본 적이 없느냐? 산세가 험하게 굽이진 곳이나 거대한 나무가 우거진
사이사이의 구멍을 보면, 그 모습이 각양각색으로 코와 같기도 하고, 입

과 같기도 하고, 귀와 같기도 하고, 나무기둥의 홈 같기도 하고, 둥근 잔과 같기도 하고, 절구 같기도 하고, 깊은 웅덩이 같기도 하고, 얕은 웅덩이 같기도 하다.

(그 구멍을 통해 바람이 불기 시작하면) 온갖 소리가 들려오는데, 마치 세찬 물결 소리 같기도 하고, 화살 소리 같기도 하고, 거친 숨소리 같기도 하고, 소리 높여 외치는 소리 같기도 하고, 울부짖는 소리 같기도 하고, 동굴의 메아리 소리 같기도 하고, 구슬피 우는 소리 같기도 하다. 앞의 바람이 먼저 '윙-윙-'하고 부르면 뒤를 따르는 것이 또 '윙-윙-'하고 답하는데, 소슬바람에는 작게 답하고 사나운 바람에는 크게 답하지. 세찬 바람이 그치면 곧 여러 구멍이 텅 비어 고요해지지만, 바람이 지나간 뒤에도 초목은 여전히 흔들흔들거리고 있다. 이런 모습을 본 적이 없느냐?"

자유가 말했다. "땅의 피리 소리란 곧 여러 구멍에서 나온 자연의 소리를 말하며, 사람의 피리 소리는 곧 악기를 불어서 나온 소리라는 말씀이군요. 그렇다면 감히 하늘의 피리 소리는 무엇인지 여쭙습니다."

자기가 말했다. "제각기 다른 모습으로 바람이 불어대지만, 각기 자신의 소리를 내고 각자 구멍에서 바람을 들이마셔 소리를 낸다. 그렇다면 이렇게 만드는 것은 과연 무엇이겠느냐?"

子游曰:"敢問其方." 子綦曰:"夫大塊噫氣, 其名爲風. 是唯無作, 作則萬竅窺怒呺. 而獨不聞之翏翏乎? 山林之畏佳, 大木百圍之竅穴, 似鼻, 似口, 似耳, 似枅, 似圈, 似臼, 似洼者, 似污者. 激者, 謞者, 叱者, 吸者, 叫者, 譹者, 宎者, 咬者, 前者唱于而隨者唱喁. 泠風則小和, 飄風則大和, 厲風濟則眾竅爲虛. 而獨不見之調調之刁刁乎?" 子游曰:"地籟則眾竅是已,人籟則比竹是已. 敢問天籟." 子綦曰: "夫吹萬不同, 而使其自己也, 咸其自取, 怒者其誰邪!"

竅(규) : 구멍

怒呺(노호) : 성난 바람 소리

寥(료) : 바람 소리. 료료(寥寥)는 소리를 더 강조하여 표현한 것이다.

隹(최) : 높다

圍(위) : 아름드리. 양팔로 에워싼 만큼의 둘레

枅(계) : 목이 긴 병

圈(권) : 술잔

臼(구) : 절구

洼(와) : 큰 웅덩이

污(오) : 작은 웅덩이

謞(학) : 부르짖다. 여기에서는 부르짖는 소리다.

譹(호) : 부르짖다

宎(요) : 동굴 소리

咬(교) : 구슬피 우는 소리

喁(우) : 화답하다, 응답하다

調調(조조) : 가볍게 흔들리는 모습을 나타내는 의태어

刁刁(조조) : 크게 흔들리는 모습을 나타내는 의태어

해설

이 부분은 제물론편의 도입부로서 본격적으로 다양한 주제에 관해 논의하기에 앞서 비유적인 설명으로 주제를 드러내고 있다. 이 이야기에서는 사

람이 내는 피리 소리, 땅이 내는 피리 소리, 하늘이 내는 피리 소리를 서로 비교하여 말하고 있다. 사람이 내는 피리 소리는 인간이 말하는 다양한 주장과 사상을 비유한 것이다. 우리 인간은 각자 자기 생각이 옳다고 이것저것 이론을 말하지만 장자가 보기에 이런 주장이나 사상은 하찮기 그지없다. 땅이 내는 피리 소리는 자연 현상을 말한다. 자연 현상이란 인간이 억지로 만들어 낸 것이 아니라 저절로 발생하는 것이기 때문에 더 깊고 복잡하다. 그렇다면 하늘의 소리는 무엇일까? 남곽자기는 글의 마지막에서 "과연 이 모든 소리를 내게 하는 것은 누구인가?"라고 질문을 던진다. 우리는 세상 모든 일이 스스로 행해진다고 생각하지만 실제로는 그렇지 않다. 그 뒤에는 세상을 움직이는 일정한 원리·원칙이 숨어 있다. 도(道)라고 표현하는 것이 바로 그 원리를 가리키는 말이다. "모든 소리를 내게 하는 것은 무엇일까?"라는 질문의 답은 바로 하늘의 소리이며, 바로 도(道)이다.

● 吾喪我(오상아) : '吾喪我(오상아)'에서 오(吾)와 아(我)는 모두 '나'를 의미하는 말이지만, 그 함의는 서로 다르다. 앞의 오(吾)는 말을 하는 본인을 가리키는 1인칭 용법으로 사용된 주어이며, 일반적인 의미에서의 '나'이다. 뒤의 아(我)는 특수한 의미를 담은 개념으로, 자신에게 성립되어 있는 고정된 견해나 생각을 말한다. 장자는 자기 마음속에 고정된 견해나 생각이 세워져 있으면 외부의 사물을 있는 그대로 반영할 수 없고, 늘 자신의 견해를 투영하고 심지어는 외부 사물에 자기 생각을 강요하게 되므로 갈등과 충돌이 발생할 수밖에 없다고 보았다. 따라서 자신의 주장과 생각에 대한 집착을 버리고 마음을 비워야 한다고 말한 것이다. 남곽자기가 '나 자신을 버렸다'라고 한 것은 바로 이러한 마음 상태를 표현한 것으로 볼 수 있다.

2

큰 지식은 지나치게 광범위하고, 작은 지식은 사소한 것도 또박또박 따진다. 큰 말은 기세가 남을 짓누르는 듯하고, 작은 말은 수다스럽다. (논쟁을 벌이는 사람들은) 잠잘 때는 정신이 어지럽게 뒤섞여 있어 편안하지 못하고, 깨어나면 몸이 고생스럽다. 항상 외부세계와 서로 얽혀 있으니 온종일 마음속에서 갈등이 일어난다. 어떤 이들은 느릿느릿한 모습으로 말을 하고, 어떤 이들은 말에 함정이 있고, 어떤 이들은 말이 매우 엄밀하다. (논쟁 가운데) 조금 당황하면 깜짝 놀라는 정도였다가, 크게 당황하면 망연자실한 상태에 빠지기도 한다. 이들이 남의 옳고 그름을 따지며 말을 하는 모습은 마치 화살을 쏘아대는 것 같고, 상황이 불리하여 반격의 기회를 노리며 말을 하지 않을 때는 입을 꾹 닫고 속으로 다짐을 외우는 듯하다. 빈번하게 일어나는 논쟁 가운데 가을·겨울에 사물이 말라가는 것처럼 한순간에 몰락하여 사라지는 일이 흔하다. 이들은 항상 논쟁에만 빠져 있어 본래 모습으로 되돌아갈 수 없고, 마음이 어딘가에 단단히 얽매여 있는 것처럼 점점 고갈되고 말라가는데, 그러한 상태에 이르게 되면 마음이 죽은 것이나 다를 바 없어 다시는 생기를 회복할 수 없다. '기쁨, 분노, 슬픔, 즐거움, 걱정, 한탄, 변덕, 요란함, 가식, 교만'과 같은 마음의 작용은 음악이 악기의 빈 구멍에서 나오고 버섯이 습기로부터 생겨나는 것처럼 밤낮으로 번갈아 가며 나타나지만, 정작 어디서 생겨나는지는 알 수 없다. 관두자! 아침저녁으로 이렇게 감정이 번갈아 나타난다는 것은 감정을 일으키는 근원이 있다는 것 아니겠는가?

大知閑閑, 小知間間. 大言炎炎, 小言詹詹. 其寐也魂交, 其覺也形開, 與接爲構, 日以心鬪. 縵者, 窖者, 密者. 小恐惴惴, 大恐縵縵. 其發若機栝, 其司是非之謂也. 其留如詛盟, 其守勝之謂也. 其殺如秋冬, 以言其日消也. 其溺之所爲之, 不可使復之也. 其厭也如緘, 以言其老洫也. 近死之心, 莫使復陽也. 喜怒哀樂, 慮嘆變慹, 姚佚啟態. 樂出虛, 蒸成菌. 日夜相代乎前, 而莫知其所萌. 已乎已乎! 旦暮得此, 其所由以生乎!

閑閑(한한) : 드넓고 포괄적인 모습을 표현하는 의태어

間間(간간) : 좀스럽고 세세한 모습을 표현하는 의태어

炎炎(염염) : 맹렬하게 일어나는 모습을 표현하는 의태어

詹詹(첨첨) : 수다스러운 모습을 표현하는 의태어

惴惴(췌췌) : 깜짝 놀라는 모습을 표현하는 의태어

縵縵(만만) : 크게 놀라 얼빠진 모습을 표현하는 의태어

詛盟(저맹) : 맹세

殺(쇄) : 줄어들다

慹(집) : 두려워 움직일 수 없다

姚(요) : 경박하게 행동하다

啟(계) : 마음껏 떠벌리다

態(태) : 없으면서 있는 것처럼 행동하다

已乎(이호) : '애'와 같은 감탄사

해설

여기에서는 앞에서 언급한 '사람의 피리 소리'의 비유를 이어받아 사람들이 주장을 내세우며 논쟁을 벌일 때 나타나는 여러 모습과 감정 변화를 말했다. 마지막 단락에서는 이러한 감정 변화를 일으키는 근원에 대한 내용

을 암시하고 있다.

3

저 감정이 없으면 내가 있을 수 없고, 내가 없다면 그 감정이 있을 곳이 없게 된다. 이들은 과연 가까운 관계이지만, 또 그렇게 만드는 것이 뭔지는 모른다. 아마도 참된 주재자가 있는 듯하나, 특별히 실마리를 발견할수는 없다. 행위가 이루어진다는 점에서 그것이 있음은 확신할 수 있지만, 그 형체를 확인할 수는 없으니 실정은 있으나 형태는 없는 것이다.

사람의 몸은 백 개 뼈마디, 아홉 개 구멍, 여섯 개 장기로 이루어져 있는데, 나는 그중 무엇과 친한가? 너는 그것을 다 좋아하는가? 그중 특별히 사랑하는 것이 있는가? 모두가 다 같다면 그것들은 나에게 신하와 처첩같이 지배를 받는 것인가? 그 '신하와 처첩들'은 서로가 서로를 다스릴 수는 없을까? 만약 그렇다면 번갈아 가면서 서로 임금과 신하가 되는 것인가? 만일 그렇다 하더라도 참된 임금은 있는 것이 아니겠는가! 만일 이러한 사정을 이해하건 이해하지 못하건 '참된 주재자'에는 아무런 영향을 주지 못할 것이다.

非彼無我, 非我無所取. 是亦近矣, 而不知其所爲使. 若有眞宰, 而特不得其眹. 可行已信, 而不見其形, 有情而無形. 百骸. 九竅. 六藏, 賅而存焉, 吾誰與爲親? 汝皆說之乎? 其有私焉? 如是皆有, 爲臣妾乎, 其臣妾不足以相治乎. 其遞相爲君臣乎, 其有眞君存焉. 如求得其情與不得, 無益損乎其眞.

宰(재) : 다스리다, 주재하다

眹(진) : 단서, 조짐

遞(체) : 번갈아

사람은 일단 형체를 부여받아서 태어났으면 그것을 잃지 않고 다하기를 기다려야 하는 법인데, 외물과 접하는 와중에 서로 다투고 손상하며 멈추지 않고 끝없이 치달으니, 이 얼마나 슬픈 일인가! 평생토록 수고스럽게 움직이면서도 어떤 것도 이루지 못하고, 괴롭고 고달파 하면서도 어디로 가고 있는지조차 알지 못하니, 어찌 슬프지 않겠는가? 사람들이 그를 보고 아직 죽지 않았다고 말한들 그게 무슨 도움이 되겠는가? 육체가 점차 노쇠해 가면 마음 또한 육체를 따라 그렇게 될 것이니, 이 어찌 큰 슬픔이 아니겠는가? 인생이란 원래 이렇게 우매한 것인가? 아니면 나 홀로 우매하고 남들은 그렇지 않은 것일까?

一受其成形, 不化以待盡. 與物相刃相靡, 其行盡如馳, 而莫之能止, 不亦悲乎! 終身役役而不見其成功, 茶然疲役而不知其所歸, 可不哀邪! 人謂之不死, 奚益? 其形化, 其心與之然, 可不謂大哀乎? 人之生也, 固若是芒乎? 其我獨芒, 而人亦有不芒者乎?

靡(미) : 쓰러지다, 다하다

馳(치) : 달리다, 말을 몰다

茶然(날연) : 고달프고 지친 모습을 표현하는 의태어

해설

인간이 형체를 부여받아 삶을 영위해 나가는 과정 속에 자신이 타고난 것들을 잘 보존해 나가는 것이 무엇보다 중요할 것이다. 장자에 따르면 자신이 타고난 것이 바로 '참된 것'이다. 하지만 사람들은 외부의 사물이나 일에 몰두하며 자신이 가지고 있는 것들을 소홀히 한다. 외부적인 것에 탐닉하면 탐닉할수록 자신이 지닌 것은 고갈되고 손상될 수밖에 없다. "인생이란 원래 이렇게 우매한 것인가? 아니면 나 홀로 우매하고 남들은 그렇지 않은 것일까?"라는 장자의 외침에서 안타까움과 슬픔이 고스란히 묻어나는 듯하다.

4

'성심(成心)', 즉 자신의 주관을 따라서 그것을 판단 기준으로 삼는다면, 누군들 판단 기준이 없겠는가? 참된 변화를 알고 자신의 마음을 잘 판단하는 지혜로운 사람만이 기준을 가지는 것이 아니라, 어리석은 사람도 기준을 가질 수 있다.

그런데 '성심'이 없는데도 시시비비가 생긴다고 하는 것은 마치 오늘 월나라로 떠나면서 어제 이미 도착했다고 말하는 것과 같다. 이는 존재하지 않는 것을 존재한다고 말하는 것이다. 존재하지 않는 것을 존재한다고 한다면 비록 우임금같이 위대한 자라도 그것이 무슨 말인지 알 수 없을 것이다. 그런데 나 같은 인간이야 어떻겠는가?

夫隨其成心而師之, 誰獨且無師乎? 奚必知代而心自取者有
之? 愚者與有焉. 未成乎心而有是非, 是今日適越而昔至也.

是以無有爲有. 無有爲有, 雖有神禹, 且不能知, 吾獨且奈何哉!

隨(수) : 따르다

師(사) : 스승으로 삼다. 여기서는 판단의 기준이나 표준으로 삼는 것을 뜻한다.

代(대) : 번갈아 일어나다

是非(시비) : 옳고 그름을 따지는 것. 자신의 주장만이 옳다고 여기는 세상 사람
들의 편협한 생각을 비판하기 위해 사용하고 있다.

奈何(내하) : 어떻게

해설

● 성심(成心): 이미 성립된 견해[成見]를 지닌 마음. '성심'은 〈제물론〉의 핵
심 개념 가운데 하나다. 사람들은 마음속에 자신의 견해를 확립하여 오직
자기중심적으로만 생각하고 판단한다. 이에 남의 의견을 그대로 받아들이
지 못한 채 시시비비의 논쟁을 벌이니 충돌과 갈등이 발생하게 된다. 이처
럼 독단적이고 배타적인 태도를 낳는 근본적인 원인이 바로 '성심'이다.

말은 그저 바람이 불어대는 것과는 달라서 말을 하는 사람들은 모두
말하려는 '의미'를 지니고 있다. 그런데 이러한 말에 특별히 정해진 표
준이 없다면 과연 그것을 말이라고 할 수 있을까, 말이라고 할 수 없을
까? 사람의 말은 새끼 새의 울음소리와는 다르다고 하지만, 정말로 구
분이 있을까, 구분이 없을까?

참된 도(道)는 어떻게 은폐되어 참된 것과 거짓된 것의 구분이 생기
는가? 참된 말은 어떻게 은폐되어 옳고 그름의 구분이 생기는가? 참된

도는 어디로 가서 행해지지 않는 것인가? 참된 말은 어디에 있기에 받아들여지지 않는 것인가? 참된 도는 작은 성취에 가려져 있고, 참된 말은 화려한 꾸밈에 가려져 있다. 이렇게 유가와 묵가의 시비 논쟁이 발생하는데, 이들은 (상대방이) 그르다고 하는 것을 옳다고 하고, (상대방이) 옳다고 하는 것을 그르다고 하기도 한다. 이렇게 하기보다는 텅 빈 마음에서 우러나오는 밝은 지혜로 본래 그러한 모습을 관조해야 한다.

> 夫言非吹也. 言者有言, 其所言者特未定也. 果有言邪? 其未
> 嘗有言邪? 其以爲異於鷇音, 亦有辯乎, 其無辯乎? 道惡乎隱
> 而有眞僞? 言惡乎隱而有是非? 道惡乎往而不存? 言惡乎存
> 而不可? 道隱於小成, 言隱於榮華. 故有儒墨之是非, 以是其
> 所非而非其所. 欲是其所非而非其所是, 則莫若以明.

鷇(구) : 새끼 새

辯(변) : 논변하다, 변호하다

惡(오) : 어찌

榮華(영화) : 화려하게 꾸미는 것을 말함

儒墨(유묵) : 과거 중국의 사상 체계인 유가(儒家)와 묵가(墨家)를 말함. 이들은
　　　　　　 인간이 추구해야 할 도덕이 무엇인가에 관해 치열하게 논쟁을 펼쳤다.

해설

세속적인 가치관에 대해 장자가 논리적으로 비판을 시작하고 있다. 세상 사람들은 내가 옳고, 네가 틀리다고 서로 주장하고 헐뜯는다. 장자는 이러한 옳고 그름이 인간의 마음속에 이미 있는 주관으로부터 생겨난다고 본

다. 인간은 어떠한 사건을 보고 열린 마음을 가지고 판단하는 것이 아니라 이미 판단을 결정해 놓고 사건을 바라보기 때문에 지극히 편협한 결정을 내리게 된다는 것이다. 예를 들어 자신이 마음에 안 드는 사람의 말이라면 무조건 틀렸다고 판단하는 것과 같은 이치다.

그런데 이러한 주관은 진정으로 현명하고 지혜로운 사람만이 가지는 것이 아니다. 누구나 가질 수 있다. 현명한 사람이 주관을 가지고 세상일을 판단하면 틀리지 않겠지만, 어리석은 사람의 생각은 (스스로는 옳다고 생각하겠지만) 틀릴 확률이 높다. 사실 장자는 인간들이 어리석은 사람이라고 말하고 있다. 인간이 자신의 부족함을 모르고 무조건 자신의 생각이 옳다고 떠드는 것을 간접적으로 비판하고 있다.

장자가 생각하기에 진정 올바른 도리란 분명히 존재한다. 하지만 그것은 겉만 번지르르하게 꾸며대고 이익을 탐하려는 욕심에 가려진다. 권력을 잡아 부귀영화를 누리려는 사람이 주장하는 말들이 과연 진정 옳은 말들일까?

● 막약이명(莫若以明): 풀이하자면 '텅 빈 마음에서 우러나오는 밝은 지혜로 본래 그러한 모습을 관조해야 한다'라는 뜻으로 이해할 수 있다. 《장자》에서 '밝은 지혜'를 뜻하는 '명(明)'은 단순한 지혜를 말하는 것이 아니라 마음을 비워 사물을 편견 없이 받아들일 수 있게 된 상태에서 생겨나는 지혜를 말한다.

5

사물은 저것이 아닌 것이 없고, 이것이 아닌 것도 없다. '저것'의 측면에서 보면 '이것'의 측면을 볼 수 없지만, '이것'의 측면에서 보면 알 수 있다. 따라서 "저것은 이것에서 나오고, 이것은 역시 저것에서 나온다"라고 말하는 것이다. '저것'과 '이것'은 생겨남의 이치로 말한 것이며, 이와 마찬가지로 생겨나고 죽는 것 역시 서로 함께 이루어진다. 즉 생겨나면 죽기 마련이고, 죽음이 있으면 생겨나는 것이 있기 마련이다. 마찬가지로 그러한 것이 있으면 그렇지 않은 것이 있고, 그렇지 않은 것이 있으면 그러한 것이 있다. 어떤 이유로 옳은 것은 바로 그 이유에서 그르기도 하며, 어떤 이유로 그른 것은 바로 그 이유에서 옳기도 하다.

따라서 성인은 이러한 방식을 따르지 않고, 본래 그러한 바를 살핀다. 이 상태에서는 이것은 또한 저것이며, 저것은 또한 이것이다. 저것에는 하나의 옳고 그름이 있고, 이것에 또한 하나의 옳고 그름이 있다. 그렇다면 과연 저것과 이것의 구분은 있는 것인가, 없는 것인가?

이것과 저것이 그 상대를 얻지 못하는 상태를 가리켜 '도의 추'라고 한다. '추'가 고리의 중심을 얻게 되면 무궁한 변화에 응하게 된다. 옳은 것에는 무궁무진한 모습이 있을 수 있고, 그른 것에도 또한 무궁무진한 모습이 있을 수 있다. 따라서 '텅 빈 마음에서 우러나오는 밝은 지혜로 본래 그러한 모습을 관조해야 한다'고 말하는 것이다.

物無非彼, 物無非是. 自彼則不見, 自知則知之. 故曰: "彼出
於是, 是亦因彼." 彼是方生之說也. 雖然, 方生方死, 方死方
生. 方可方不可, 方不可方可. 因是因非, 因非因是. 是以聖人
不由, 而照之於天, 亦因是也. 是亦彼也, 彼亦是也. 彼亦一是
非, 此亦一是非. 果且有彼是乎哉? 果且無彼是乎哉? 彼是莫
得其偶, 謂之道樞. 樞始得其環中, 以應無窮. 是亦一無窮, 非

亦一無窮也. 故曰: "莫若以明."

偶(우) : 짝. 어떤 개념은 서로 쌍을 이루고 있다. 밝음은 어둠과, 있음은 없음
과, 옳음은 그름과 쌍을 이룬다. 이와 같은 관계에서 뜻이 반대되는 것을
'짝'이라고 표현하였다.

樞(추) : 지도리, 돌쩌귀. 문을 열고 닫을 때 문이 회전할 수 있게 해주는 쇠붙이.
어느 한 방향을 향하지 않기 때문에 어떤 방향으로도 움직일 수 있다.

해설

옳음과 그름이 있다. 밝음과 어둠이 있다. 착한 것과 악한 것이 있다. 아름
다운 것과 추한 것이 있다. 이를 가리켜 '상대적인 관계'라고 부를 수 있다.
장자의 견지에서 사람들의 생각은 모두 이와 같다. 예를 들어, 자신이 옳으
면 남은 그르고, 내가 착하면 남은 나쁘다고 생각하는 것이다. 그런데 생각
해 보자. 이는 다른 사람에게도 똑같이 적용되지 않을까? 나는 내가 옳다
고 생각하고, 상대방은 자신이 옳다고 생각할 텐데 과연 누가 진정으로 옳
은 것일까?

따라서 위대한 인물, 즉 성인은 이러한 방식으로 생각하지 않는다. 성인은
상대적인 것을 넘어 진정으로 옳은 것에 근거하여 모든 것을 판단한다. 하
지만 장자는 '진정으로 옳은 것'이 '무엇이다'라고 구체적으로 말해주지는
않는다. 구체적인 한 가지 모습으로 정해지는 것은 진정으로 옳은 것이라
할 수 없기 때문이다. 그 대신에 '상대적인 관계'를 넘어서서 사물의 본래
그러한 모습을 받아들이기를 바란다. 모든 사물에는 상황에 따라 완전히
상반되는 모습이 있을 수 있는데, 한 가지 판단에 집착하면 사물이 변화하
는 모습을 있는 그대로 받아들일 수 없기 때문이다.

6

　(이) 손가락을 두고 (저) 손가락은 손가락이 아니라고 설명하는 것은 (이) 손가락이 아닌 것을 두고 (저) 손가락은 손가락이 아니라고 말하는 것보다 못하다. (흰)말[馬]을 두고 (흰)말은 말이 아니라고 하는 것은 (흰)말이 아닌 것을 두고 (흰)말은 말이 아니라고 하는 것보다 못하다. 천지는 하나의 손가락과 같고, 만물은 한 마리 말과 같다.

　길은 사람들이 걸어 다니면서 생겨난 것이고, 사물의 명칭은 사람들이 그렇게 불러서 이루어진 것이다. 가능한 이유로부터 가능하고, 가능하지 않은 이유로부터 가능하지 않다. 그러한 이유로부터 그러하고, 그러하지 않은 이유로부터 그러하지 않다. 어째서 그러한가? 그러한 원인으로 인해 그러하다. 어째서 그러하지 않은가? 그러하지 않은 원인으로 인해 그러하지 않다. 어째서 가능한가? 가능한 원인으로 인해 가능하다. 어째서 가능하지 않은가? 가능하지 않은 원인으로 인해 가능하지 않다. 만물에는 본래 그러한 측면이 있고, 본래 가능한 측면이 있으니, (항상) 그러하지 않은 만물이란 없고, (항상) 가능하지 않은 만물이란 없다. 따라서 작은 막대기와 큰 기둥, 문둥이와 서시, 괴상한 것과 진귀한 것을 서로 놓고 보더라도 도의 관점에서 본다면 이 모든 것을 하나로 볼 수 있다.

> 以指喩指之非指, 不若以非指喩指之非指也. 以馬喩馬之非馬, 不若以非馬喩馬之非馬也. 天地一指也. 萬物一馬也. 道行之而成, 物謂之而然. 有自也而可, 有自也而不可. 有自也而然, 有自也而不然. 惡乎然? 然於然. 惡乎不然? 不然於不然. 惡乎可? 可于可. 惡乎不可? 不可于不可. 物固有所然, 物

固有所可. 無物不然, 無物不可. 故爲是擧莛與楹, 厲與西施,
恢恑憰怪, 道通爲一. 其分也, 成也. 其成也, 毁也. 凡物無成
與毁, 復通爲一.

喩(유) : 깨닫게 하다

指(지) : 손가락

天地萬物(천지만물) : 온 세상의 모든 사물, 존재를 비유적으로 가리키는 말이다.

莛(정) : 풀줄기

楹(영) : 기둥

厲(나) : 문둥병, 문둥병 환자

西施(서시) : 고대 중국의 유명한 미녀. 미인을 대표하는 말로 사용된다.

恢恑(회궤) : 괴상하고 야릇함

憰怪(휼괴) : 진귀하고 기이함

나누어지는 것이 있으면 반드시 생겨나는 것도 있기 마련이고, 합쳐
지는 것이 있으면 반드시 사라지는 것도 있기 마련이다. 따라서 모든 것
은 생겨나지도 사라지지도 않고 결국 다시 하나로 통하게 된다. 오직 도
(道)에 통달한 자만이 만물이 통하여 하나가 됨을 안다. 이 때문에 합쳐
지거나 사라지는 것 어느 한쪽으로 생각하지 않고 사물의 자연스러운
상태 속에 자기 생각을 맡겨둔다. 이것이 바로 스스로 그러한 바에 따른
다는 것이다. 스스로 그러한대로 흘러가면서도 왜 그렇게 되는지를 모
르는 것을 일러 '도(道)'라고 한다.

　하지만 사람들은 정신을 다 쏟아가면서 한 가지 통일된 이치를 추구

하려 하나, 정작 모든 것이 도의 처지에서 같다는 사실은 깨닫지 못한다. '조삼'이라고 하는데, 조삼은 구체적으로 무엇을 말하는가?

다음의 이야기를 살펴보자. 원숭이를 기르는 사람이 하루는 원숭이에게 도토리를 먹이로 주면서 "아침에는 세 홉을 주고 저녁에는 네 홉을 주겠다"라고 하자 원숭이들이 모두 화를 냈다. "그렇다면 아침에는 네 홉을 주고 저녁에는 세 홉을 주겠다"라고 하자 이번에는 원숭이들이 모두 기뻐하였다. 명분이나 실상이 달라지지 않았는데 때로는 기뻐하고 때로는 화를 내며 다른 반응을 보인 것은 바로 마음의 작용을 따랐기 때문이다. 그래서 성인은 시비 판단을 조화롭게 받아들여 균형 잡힌 하늘의 이치 속에서 편하게 머무르는데, 이를 '양행(兩行)'이라 한다.

其分也, 成也. 其成也, 毁也. 凡物無成與毁, 復通爲一. 唯達者知通爲一, 爲是不用而寓諸庸. 庸也者, 用也, 用也者, 通也. 通也者, 得也. 適得而幾矣. 因是已. 已而不知其然, 謂之道. 勞神明爲一, 而不知其同也, 謂之朝三. 何謂朝三? 狙公賦芧, 曰: "朝三而莫四." 衆狙皆怒. 曰: "然則朝四而莫三." 衆狙皆悅. 名實未虧而喜怒爲用, 亦因是也. 是以聖人和之以是非而休乎天鈞, 是之謂兩行.

用(용) : 실용적이다, 쓸모 있다

寓(우) : 맡기다, 거처하다

庸(용) : 일정하다, 평범하다

狙(저) : 원숭이. 저공(狙公)은 원숭이를 기르는 사람을 뜻한다.

芧(서) : 도토리

虧(휴) : 어긋나다

天鈞(천균) : 균(鈞)은 고르다는 뜻이다. 천균(天鈞)이란 어느 한쪽으로 치우친 단
편적인 생각을 벗어난 절대적인 정신상태를 가리킨다.

해설

이 구절은 이해하기가 상당히 난해해 보이지만, 큰 의미에 비추어 생각한
다면 장자의 의도를 짐작할 수 있다. 우선 손가락과 말 이야기는 당시에 명
가(名家) 학파 사이에서 자주 논의되던 논변의 주제를 가져온 것이다. 명가
학파의 사상가 중 하나인 공손룡은 "흰말[馬]은 말이 아니다"라고 하는 유
명한 주장을 펼쳤다. 장자는 이러한 이야기를 빌려 계속해서 '상대적 가치
의 구분'이라는 주제를 말하고 있다. 내 손가락을 기준으로 남의 손가락이
손가락이 아니라고 말하는 것은 자신의 주관에 치우친 판단을 의미한다.
이러한 주관적 판단은 내 손가락이 아닌 것을 가지고 남의 손가락을 손가
락이 아니라고 비판하는 것보다 더 못하다. 즉, 주관적 시각에서 벗어나지
못하는 판단이 여러 문제를 야기할 수 있음을 지적하려는 것이다.

장자가 이러한 이야기를 한 것은 세상 사람들의 가치 판단이 모두 이와 같
다고 여겼기 때문이다. 사람들은 문둥병 환자와 서시를 놓고, 하나는 추하
고 하나는 아름답다고 판단한다. 하지만 어쩌면 당연한 것처럼 보이는 우
리의 판단은 사실 한쪽에 치우친 것이며, 도의 관점에서 보면 이는 모두 같
은 것에 지나지 않는다.

우리가 잘 아는 조삼모사 이야기도 비슷한 맥락에서 이해할 수 있다. 도
토리를 아침에 3개 받고 저녁에 4개 받는 것이나, 저녁에 3개 받고 아침에
4개 받는 것은 서로 달라 보이지만 실제로 하루에 7개를 받는다는 점에서
같다. 물론 이 이야기는 비유적인 설명이다. 우리 인간들은 남과 다른 주장

을 내세운다고 생각하면서 남을 비판하고 서로 다투곤 한다. 하지만 그런 생각은 조금 넓은 관점에서 본다면 다 통할 수 있다. 장자가 말하려는 바가 이와 같다. 어리석은 원숭이처럼 눈앞의 좁은 시각으로 세상을 바라보지 않기를 바라는 것이다.

7

옛사람들은 앎이 지극한 경지에 이르렀다. 어떤 경지까지 이르렀는가? 존재하지 않았다고 하는 사람이 있었으니 지극하고 극진하여 무엇을 더할 수 없다. 그다음에는 만물이 있으나, 아직 대립이 시작되지 않았다고 했다. 그다음에는 대립은 있으나, 아직 시비 판단이 시작되지는 않았다고 했다. 시비 판단이 드러나면서 도가 어긋나게 되었다. 도가 어긋난 것은 편애가 생겼기 때문이다.

과연 이루어짐과 어긋남이란 존재하는 것인가? 아니면 존재하지 않는 것인가? 이루어짐과 어긋남이 있는 것은 마치 옛날의 소문이 거문고를 켰던 것에 비유할 수 있고, 이루어짐과 어긋남이 없는 것은 소문이 거문고를 켜지 않은 것에 비유할 수 있다.

古之人, 其知有所至矣. 惡乎至? 有以爲未始有物者, 至矣,
盡矣, 不可以加矣. 其次以爲有物矣, 而未始有封也. 其次以
爲有封焉, 而未始有是非也. 是非之彰也, 道之所以虧也. 道
之所以虧, 愛之所以成. 果且有成與虧乎哉? 果且無成與虧
乎哉? 有成與虧, 故昭氏之鼓琴也. 無成與虧, 故昭氏之不鼓
琴也.

封(봉) : 경계. 구별 또는 대립의 의미로 사용되었다.

彰(창) : 드러나다

昭氏(소씨) : 옛날에 거문고를 잘 타기로 유명한 사람

소문이 거문고를 켜는 것, 사광이 막대를 들고 박자를 치는 것, 혜자가 오동나무 아래에 기대어 논쟁을 벌이는 것, 이 세 명의 지식과 능력은 모두 지극히 높은 경지에 이르렀기 때문에 후세에까지 기록되어 전해졌다. 이들은 자신이 좋아하는 것이 남들보다 뛰어남을 자랑했고, 자신이 좋아하는 것을 남에게 내보이고자 하였다. 드러낼 필요가 없는 것을 억지로 남 앞에 드러내고자 하였으니, 평생을 '견백론(堅白論)'을 고집하며 어리석음 속에 빠져 살았다. 한편 소문의 아들은 그 아비가 남긴 기술을 이어받는 데 평생을 보냈으나, 결국 아무것도 이룬 바가 없었다.

그런데도 이것을 이루었다고 할 수 있을까? 만일 그렇다고 한다면, 우리 모두 각자 이룰 수 있는 바가 있을 텐데 이것 모두를 가리켜 이루었다고 말할 수 있을까? 만일 이렇게 모든 사람이 이루었다고 말할 수 있다면, 사실 성취라는 것은 어디에도 없게 된다. 따라서 남에게 과시하는 것은 사람들을 어지럽게 만들 뿐이니 성인은 이를 버리고자 한다. 성인은 (자신의 견해를 사용하여) 사람들에게 과시하지 않고 사물의 자연스러운 상태 속에 자신의 생각을 맡겨둔다. 이를 '텅 빈 마음에서 우러나오는 밝은 지혜에 따른다'고 말한다.

昭文之鼓琴也, 師曠之枝策也, 惠子之據梧也, 三子之知, 幾乎皆其盛者也, 故載之末年. 唯其好之也, 以異於彼, 其好之也, 欲以明之. 彼非所明而明之, 故以堅白之昧終. 而其子又以文之綸終, 終身無成. 若是而可謂成乎, 雖我無成, 亦可謂成矣. 若是而不可謂成乎, 物與我無成也. 是故滑疑之耀, 聖人之所圖也. 爲是不用而寓諸庸, 此之謂以明.

師曠(사광) : 춘추시대 진(晉)나라의 유명한 악사
策(책) : 북채
梧(오) : 오동나무
堅白(견백) : 앞서 등장한 명가 사상가 공손룡의 이론. "흰말은 말이 아니다"라고 했던 백마비마론과 유사하다. 여기에서는 궤변을 대표하는 단어로 사용되었다.
昧(매) : 어리석다
耀(요) : 빛. 여기에서는 궤변처럼 화려하게 표현되는 것을 가리키는데, 참된 도를 가리는 부정적인 것으로 사용하고 있다.

해설

앞의 구절을 이어 '막약이명(莫若以明)'의 의미를 설명하고 있다. 여기에서는 세 인물이 사례로 등장하는데, 이들은 모두 어떤 한 가지 능력이 뛰어나 이름을 날린 자들이다. 이들은 자신의 뛰어난 능력을 남에게 과시하였고, 남들로부터 높은 평가를 받았다. '한 가지 능력'이란 자신의 주관적 견해, 즉 성견(成見)을 비유한다. 이러한 주관적 견해는 한쪽으로 치우쳐 있어 결코 모든 것을 두루 살필 수 없다. 한 가지 재능을 가지고 이루어낸 성취가 온전한 것일 수 없듯이, 한쪽에 치우친 견해를 가지고 이룬 앎 역시 온전할 수 없다는 것이다.

8

또 한 가지 이야기가 있다. 이 말이 남들이 하는 말과 같은 것인지 다른 것인지는 알지 못한다. 어쩌면 이미 말을 하는 순간 다른 사람들의 말과 차이가 없게 될 수도 있다. 그렇지만 한번 시험 삼아 말해보겠다.

'시작'이란 것이 있다고 한다면 '시작'이 시작되지 않았던 적이 있을 것이고, '시작'이 시작되지 않았던 것조차 시작되지 않았던 적도 있을 것이다. (달리 말하자면) '유(有)'가 있었고, '무(無)'도 있었고, '무'가 시작되지 않았던 적이 있었고, '무'가 시작되지 않은 것조차 시작되지 않았던 적도 있었다. 그러다 홀연히 '유'와 '무'가 생겨났는데, 이 '유'와 '무'가 과연 '유'인지 '무'인지 알 수 없다. 지금 내가 말을 한 것이 '있지만', 내가 정말로 말한 것이 '있는지', '없는지' 알 수 없다.

今且有言於此, 不知其與是類乎? 其與是不類乎? 類與不類, 相與爲類, 則與彼無以異矣. 雖然, 請嘗言之. 有始也者, 有未始有始也者, 有未始有夫未始有始也者. 有有也者, 有無也者, 有未始有無也者, 有未始有夫未始有無也者. 俄而有無矣, 而未知有無之果孰有孰無也. 今我則已有謂矣, 而未知吾所謂之其果有謂乎, 其果無謂乎?

始(시) : 시작되다, 처음

俄(아) : 갑자기

果(과) : 과연

이제 장자는 자신이 하는 주장마저 의심하고 의문을 던진다. 앞선 구절에서 사람들이 각자 옳다고 주장하는 말들이 실제로는 절대적으로 옳은 것은 아니라고 이야기했다. 그렇다면 장자 자신이 하는 말도 남들이 하는 주장처럼 자신에게만 옳은 것이지는 않을까? 장자는 이러한 의문을 우리 세계의 존재에 대한 근본적인 회의를 들어 간접적으로 설명하고 있다. 예를 들어, 우주의 존재들은 감각을 통해 보면 분명히 '있는 것'이다. 하지만 논리적으로 이를 거슬러 올라가면 '있는 것'이 '없던' 순간도 존재하고, 그 '없던 순간'조차 없던 순간도 존재할 것이다. 이처럼 우리의 언어와 사고로는 결국 만물의 상대적 관계를 벗어날 수 없다. 장자는 우리의 앎에 대한 근본적인 회의로 이러한 점을 드러내고자 한다.

9

천하에 가을철 동물의 털보다 더 큰 것이 없다고 할 수도 있고, 사람들이 가장 크다고 여기는 태산을 작다고 할 수도 있다. 어려서 죽은 아이보다 수명이 짧다고 할 수도 있고, 장수한 것으로 알려진 팽조를 요절했다고 할 수도 있다.

천지와 나는 함께 존재하고 만물과 나는 더불어 하나를 이루고 있다. 이미 하나가 되었으면서 또 달리 어떤 말이 필요하겠는가? 그런데 하나를 이루고 있다고 이미 말했는데, 어떤 말도 없다고 할 수 있는 것일까? 이미 하나를 이룬 만물에 만물이 하나를 이룬다고 한 말 하나를 더하면 둘이 되고, 둘에서 다시 그것이 둘이 되었다는 말 하나를 더하면 셋이 된다. 이런 방식으로 계속해서 더해나가면 아무리 계산을 잘하는 자라고 할지라도 끝까지 계산해 낼 수 없을 텐데 보통 사람들은 어떠하겠는가? 이처럼 무에서 유까지 이르는 데 이미 셋이 나왔는데, 유에서 시작한다면 어떠하겠는가? 그러니 있다, 없다 한없이 주장하지 말고 저절로 그러한 바에 따르면 될 뿐이다.

天下莫大於秋毫之末, 而大山爲小. 莫壽乎殤子, 而彭祖爲夭. 天地與我並生, 而萬物與我爲一. 旣已爲一矣, 且得有言乎? 旣已謂之一矣, 且得無言乎? 一與言爲二, 二與一爲三. 自此以往, 巧曆不能得, 而況其凡乎! 故自無適有, 以至於三, 而況自有適有乎! 無適焉, 因是已.

秋毫(추호) : 직역하면 가을의 털. 가을에 동물들은 털갈이를 하는데, 이때의 털은 매우 가늘고 미세하다. 따라서 '아주 작은 것'을 가리키는 말로 사용된다.

殤子(상자) : 일찍 죽은 아이

彭祖(팽조) : 전설로 전해지는 오래 산 사람의 이름

夭(요) : 일찍 죽다

巧曆(교력) : 계산을 잘하는 사람

況(황) : 하물며

해설

'크다/작다', '옳다/그르다'라고 하는 것들은 전부 상대적인 것이다. 사람들이 다 작다고 말하는 미세한 털조차도 그것보다 더 작은 것에 비하면 큰 것이다. 그렇다면 어떤 사물에 대해서 말을 할 때는 무수히 많은 주장이 가능할 것이다. 하지만 이런 말들은 무엇이 맞는지 무엇이 틀렸는지 결코 알 수 없다. 따라서 이것이 옳다, 저것이 옳다는 주장을 다양하게 펼치려고 하지 말고 그런 구분을 초월해서 사물을 대하는 것이 좋을 것이다.

10

도에는 원래부터 구분이 없고, 말에는 원래부터 정해진 설이 없다. 그런데 이처럼 일정하지 않은 말들로 서로 도를 설명하면서 구분이 생겨나게 되었으니, 그 구분에 대해 말해보겠다. "왼쪽과 오른쪽이 생겼고, 순서와 등급이 생겼고, 분석과 논변이 생겼고, 논쟁과 다툼이 생겼다. 이는 바로 구분이 나타나는 여덟 가지 모습이다. 성인은 세상 밖의 일에 대해서는 묵묵히 아무 말도 하지 않는다. 세상 안의 일에 대해서는 말하기는 해도 논하려 하지는 않는다."

《춘추》는 세상을 다스리는 선왕의 일을 기록한 책이다. 이 책에서 성인은 일들을 평가하기는 해도 변론하려 하지는 않는다. 따라서 분석하려 들면 분석하지 못하는 바가 생기고, 변론하려 들면 변론하지 못하는 바가 생긴다. 이는 어떻게 말할 수 있는가? 성인은 묵묵히 마음속에 품지만, 사람들은 변론을 일삼으며 서로 드러내기에 급급하다. 따라서 변론에는 보이지 않는 부분이 있다고 하는 것이다.

夫道未始有封, 言未始有常, 爲是而有畛也. 請言其畛: "有左, 有右, 有倫, 有義, 有分, 有辯, 有競, 有爭, 此之謂八德. 六合之外, 聖人存而不論. 六合之內, 聖人論而不議." 春秋經世先王之志, 聖人議而不辯. 故分也者, 有不分也. 辯也者, 有不辯

也. 曰: 何也? 聖人懷之, 衆人辯之以相示也. 故曰: 辯也者, 有
不見也.

畛(진) : 경계, 구분

六合(육합) : 우리가 사는 세계 또는 우주를 가리키는 표현이다.

春秋(춘추) : 임금의 일을 기록한 역사서를 말함. 공자가 노(魯)나라 역대 임금의
　　　　　일들을 기록하여 편찬한 《춘추》라는 이름의 책을 가리킨다고 보기도 함

懷(회) : 품다

참된 도는 이름을 붙일 수 없다. 참된 변론은 말로 나타낼 수 없다. 참
된 인(仁)이란 어질지 않은 것처럼 보이며 참된 청렴함은 겸손한 척을
하지 않으며 참된 용기는 사납지 않다. 도가 언급된다면 도라고 할 수
없고, 변론 가운데에는 말이 미치지 못하는 바가 있다. 인이 항상 일정
하게 고정되면 두루 이루지 못하고, 청렴함이 지나치면 진실하지 않고,
용기가 지나치게 사나운 모습으로 나타나면 일을 완수할 수 없다. 이 다
섯 가지를 잊지 않는다면, 도에 가까워질 수 있다. 따라서 인간의 지혜
로 알 수 없는 곳에서 그칠 수 있다면 지극한 경지에 이르렀다고 할 수
있다.

　그 누가 말하지 않는 말과 도라고 부르지 않는 도를 아는가? 만약 이
것을 알 수 있다면 그야말로 '하늘의 보물창고'라 부를 만하다. 그곳에
서는 아무리 부어도 가득 차지 않고, 아무리 퍼내도 고갈되지 않는데 그
유래를 알 수조차 없다. 이를 밝은 빛을 감추는 경지라고 말한다.

夫大道不稱, 大辯不言, 大仁不仁, 大廉不嗛, 大勇不忮. 道昭
而不道, 言辯而不及, 仁常而不成, 廉清而不信, 勇忮而不成.
五者圓而幾向方矣. 故知止其所不知, 至矣. 孰知不言之辯,
不道之道? 若有能知, 此之謂天府. 注焉而不滿, 酌焉而不竭,
而不知其所由來, 此之謂葆光.

稱(칭) : 이름을 붙이다, 이름을 부르다

辯(변) : 변론하다

仁(인) : 어질다. 공자는 이러한 덕목이 인간에게 가장 중요한 가치라고 여겼다.
구체적으로는 인간이 지니고 있는 자연스러운 사랑의 마음을 말한다.
공자는 자신과 가까운 것과 먼 것을 구분하여 가까운 것부터 사랑하는
것이 올바른 방식이라고 말했는데, 장자는 이러한 구분을 비판하고자
'어질지 않음[不仁]'을 말했다. 즉 구분하지 않는 사랑을 말한 것이다.

忮(기) : 사납다

圓(원) : 둥글다

天府(천부) : 이상적인 지혜의 경지를 표현하는 말

注(주) : 물을 대다

酌(작) : 물을 퍼내다

葆(보) : 감추다

따라서 옛날에 요임금이 신하인 순에게 이렇게 물었다.

"나는 종나라, 회나라, 서오나라를 정벌하고 싶네. 이들을 아직 정벌
하지 않았으니 임금의 자리에 있으면서도 왠지 석연치가 않단 말이네.

대체 왜 그런 것일까?"

그러자 순이 말했다. "그 세 나라는 지금도 쑥밭이 무성한 미개한 나라인데, 왜 마음에 담아두고 석연치 않게 생각하십니까? 옛날에 열 개 태양이 나란히 나와서 만물을 모두 비춘 적이 있다고 합니다. 그런데 덕으로 세상을 비춘다면 고작 태양에 비길 수 있겠습니까?"

故昔者堯問於舜曰: "我欲伐宗. 膾. 胥敖, 南面而不釋然. 其故何也?" 舜曰: "夫三子者, 猶存乎蓬艾之間. 若不釋然, 何哉? 昔者十日並出, 萬物皆照, 而況德之進乎日者乎?"

宗(종)·膾(회)·胥敖(서오) : 세 나라의 이름. 이들이 요임금에게 조공을 바치지 않았기 때문에 요임금은 이 나라를 정벌하고자 하였다.

南面(남면) : 임금의 자리에 있음. 임금이 정치를 할 때에는 항상 남쪽을 향해 앉았기 때문에 임금의 자리에서 정치를 하는 것을 남면이라고 표현하였다.

釋然(석연) : 마음에 미심쩍은 점이 없는 모습을 표현하는 의태어

蓬艾(봉애) : 쑥

해설

장자는 이 구절에서 언어의 한계를 말한다. 실제의 세계는 구분이라는 것이 없다. 하지만 우리는 언어로 무언가를 항상 구분하게 된다. 우리가 어떤 것을 아름답다고 이름 붙이는 순간, 아름답지 않은 것 역시 생겨나게 된다. 조금 더 넓게 생각하면 어떤 것들을 겉으로 드러내고 표현하는 것은 오히려 많은 것을 버리는 꼴이 된다. 어떤 한 가지 생각을 옳다고 해버리면 다른 생각은 틀렸다고 하는 셈이기 때문이다.

이를 인간의 정치에 비유하면 어떨까? 만일 통치자의 자리에서 나라를 다스리는 사람이 한 가지 생각만 가지고 있다면 문제가 될 것이다. 그와 생각이 다른 많은 사람을 적으로 돌리는 꼴이 되기 때문이다. 요임금도 그러한 마음이었다. 모든 것을 다 가졌음에도 가난하고 미개한 나라를 적으로 생각하고 포용하지 못했기 때문에 전쟁을 일으켜 정벌하고자 하였다. 태양이 만물을 비추는 것이 보통의 다스림을 비유한다면, 마지막에 덕으로 세상을 비추는 것은 치우침 없이 모든 것을 포용하는 태도로 정사를 베푸는 것을 비유한다. 아무리 훌륭한 능력으로 정치를 베푼다고 하더라도 모든 것을 두루 포용하는 것만 못하다는 것이다.

11

설결이 왕예에게 말했다. "선생님은 만물이 다 함께 옳다고 여기는 것을 알고 계십니까?"

왕예가 대답했다. "내가 어찌 그것을 알겠나?"

다시 설결이 물었다. "그렇다면 선생님은 선생님이 무엇을 모르는지에 대해서는 아십니까?"

왕예가 답했다. "내가 어찌 그것을 알겠나?"

설결이 물었다. "그렇다면 만물이란 알 수 없는 것입니까?"

왕예가 말했다. "내가 어찌 그것을 알겠나만, 한번 시험 삼아 말해보지. 자네는 내가 '안다'고 말하는 것이 '알지 못하는 것'이 아님을 어찌 아는가? 또한 자네는 내가 '알지 못한다'고 말하는 것이 '아는 것'이 아님은 또 어찌 아는가?

그렇다면 내가 자네에게 한번 물어보겠네. 사람은 습한 곳에서 자면

허리병이 생겨 반신불수가 되지만, 미꾸라지의 경우는 어떠한가? 사람이 나무 위에 올라가 있으면 두려움에 떨고 무서워하게 될 테지만, 원숭이도 그러한가? 사람, 미꾸라지, 원숭이 이 셋 가운데 누가 올바른 거처를 안다고 할 수 있겠는가?

사람은 가축의 고기를 먹고, 사슴은 풀을 먹으며, 지네는 뱀을 좋아하고, 올빼미는 쥐를 즐겨 먹는다. 이 넷 가운데 누가 올바른 맛을 안다고 할 수 있겠는가?

수원숭이는 암원숭이를 짝으로 삼고, 순록은 사슴과 교류하며, 미꾸라지는 물고기와 논다. 모장, 여희는 사람들이 다들 아름답다고 하지만 만일 물고기가 그녀들을 본다면 물속 깊은 곳으로 들어갈 것이고, 새가 그녀들을 본다면 높이 날아가 버릴 것이며, 순록과 사슴이 그녀들을 본다면 재빨리 도망갈 것이다. 이 넷 가운데 누가 천하의 올바른 아름다움을 안다고 할 수 있겠는가?

내가 볼 때, 인의(仁義)의 단서와 시비(是非)의 길이 모두 어지럽게 뒤섞여 있는데, 내가 어찌 그것들을 판별해 낼 수 있겠나!"

설결이 물었다. "선생님은 이해관계를 따지지 않는다고 하시는데, 그렇다면 지인(至人)들 역시도 이해관계를 따지지 않겠지요?"

왕예가 말했다. "지인은 참으로 신통한 사람이지. 산림 초목이 불타올라도 그를 뜨겁게 할 수 없고, 큰 강물이 얼어붙는 날씨도 그를 춥게 할 수 없으며, 벼락이 산을 뒤흔들어도 그를 다치게 할 수 없고, 세찬 바람이 바다를 갈라도 그를 놀라게 할 수 없네. 그런 사람은 구름을 타고 해나 달에 올라앉아 세상 밖으로 나가 노닌다네. 삶이나 죽음이 그에게 아무런 영향을 미치지 못하지. 그런데 이해관계 따위에 흔들리겠나?"

齧缺問乎王倪曰:"子知物之所同是乎?"曰:"吾惡乎知之!"
"子知子之所不知邪?"曰:"吾惡乎知之!""然則物無知邪?"曰:
"吾惡乎知之雖然嘗試言之: 庸詎知吾所謂知之非不知邪? 庸
詎知吾所謂不知之非知邪? 且吾嘗試問乎汝: 民濕寢則腰疾
偏死, 鰌然乎哉? 木處則惴慄恂懼, 猨猴然乎哉? 三者孰知正
處? 民食芻豢, 麋鹿食薦, 蝍且甘帶, 鴟鴉耆鼠, 四者孰知正
味? 猨猵狙以爲雌, 麋與鹿交, 鰌與魚游. 毛嬙麗姬, 人之所
美也, 魚見之深入, 鳥見之高飛, 麋鹿見之決驟. 四者孰知天
下之正色哉? 自我觀之, 仁義之端, 是非之塗, 樊然殽亂, 吾
惡能知其辯!" 齧缺曰:"子不知利害, 則至人固不知利害乎?"
王倪曰:"至人神矣: 大澤焚而不能熱, 河漢沍而不能寒, 疾雷
破山 而不能傷, 飄風振海而不能驚. 若然者, 乘雲氣, 騎日月,
而遊乎四海之外. 死生无變於己, 而況利害之端乎?"

齧缺(설결)·王倪(왕예) : 모두 요임금 시절의 현자. 가상의 인물이다.

庸詎(용거) : 함께 쓰여서 '어찌하여'의 의미로 사용된다.

濕(습) : 습하다

偏死(편사) : 반신불수가 되는 것

鰌(추) : 미꾸라지

惴(췌)·慄(률)·恂(순)·懼(구) : 전부 '두려워하다'의 의미

猨猴(원후) : 원숭이

芻豢(추환) : 가축, 고기반찬과 같은 잘 차린 음식

麋鹿(미록) : 순록과 사슴

蝍(즉) : 지렁이

甘(감) : 달게 여기다. 맛있다고 여기는 것을 말한다.

帶(대) : 뱀

鴟鴉(치아) : 올빼미

鼠(서) : 쥐

雌(자) : 암컷

毛嬙(모장)·麗姬(여희) : 모두 옛날의 미인으로 유명한 인물. 서시와 함께 미인의
　　　대명사로 쓰인다.

端(단) : 단서, 발단

塗(도) : 길

疾雷(질뢰) : 몹시 심한 번개

振(진) : 흔들다

驚(경) : 놀라게 하다

騎(기) : 말을 타다, 올라타다

四海之外(사해지외) : 옛날 사람들은 세상의 사방이 바다로 둘러싸여 있다고 생
　　　각했다. 따라서 사해지외란 '온 세상의 밖'이란 의미다.

无(무) : 없음. 無와 같은 글자다.

해설

'안다는 것'이 무엇인지에 대해 장자가 본격적으로 생각을 펼치고 있다. 우
리는 흔히 '안다, 모른다'를 쉽게 이야기한다. 하지만 '안다'는 것은 어떻게
해서 인정될 수 있을까? 진정한 앎을 아는 사람이 있어서 판단을 해주지
않는 이상, '안다, 모른다'를 어떻게 단정지어 말할 수 있을까?

예를 들어, 사람은 습한 곳에서 잠잘 수 없지만, 미꾸라지는 습한 곳에서
살아간다. 그렇다면 습한 곳은 살기에 좋은 곳일까, 나쁜 곳일까? 사람에

게는 나쁜 곳이고 미꾸라지에게는 좋은 곳일 텐데, '좋다, 나쁘다'를 말할 수는 없는 노릇이다. 이처럼 우리의 지식이나 습관이나 나아가 제도나 도덕 같은 세상의 가치들은 절대적으로 옳거나 나쁜 것이 아니라, 모두 상대적인 관계에 있으니, 단지 각자에게 적합한 것이 있을 뿐이다. 이것을 생각한다면 우리가 함부로 안다고 말하거나 아름답다고 말하거나 옳다고 생각하는 것은 아주 위험할 수 있다. 나에게 해당되는 것이 남에게는 해당되지 않을 수도 있기 때문이다.

12

구작자가 장오자에게 물었다. "제가 스승인 공자께 들었는데, 성인은 세상의 일에 애써 힘쓰지 않고, 이익을 추구하지 않고, 위험을 피하지 않고, 일을 이루려 추구하지 않고, 일정한 도리에 연연하지 않고, 말하지 않는데도 할 말을 다하고, 말을 하면서도 아무것도 말하지 않으며 그저 속세의 밖에서 유유히 노닌다고 하더군요. 선생님은 이렇게 말씀하면서도 허무맹랑한 소리라고 여기시던데, 제가 생각하기에는 아주 훌륭하게 도를 행하는 것처럼 느껴집니다. 당신은 어떻게 생각하시나요?"

장오자가 답했다. "지금 이 말은 옛날의 황제(黃帝)가 듣는다고 해도 믿지 못할 내용인데, 어찌 자네의 스승 공구(孔丘)가 알 수 있겠는가? 게다가 겨우 이 정도를 가지고 도를 행한 것으로 생각한다면 자네 또한 지나치게 섣불리 판단을 한 것이다. 달걀을 본 상태에서 벌써 닭이 새벽을 알리기를 바라고, 새총의 탄알을 보고 벌써부터 새 구이를 바라는 것과 같은 격이다. 내가 한번 멋대로 말해볼 테니, 한 귀로 듣고 한 귀로 흘리도록 하라.

성인은 해와 달과 나란히 서서 우주를 품고 만물과 일체를 이룬다. 옳고 그름의 판단이 어지럽게 뒤섞인 것은 따지지 않고 그대로 내버려 두며 존비와 귀천을 구분하지 않고 모두 하나로 여긴다. 사람들은 이러한 것들에 소란스럽게 애를 쓰지만, 성인은 우둔한 모습을 유지한 채 무수한 변화를 혼합하여 순수한 일체로 만들어 낸다. (그 속에서) 만물은 구분이 없이 소박한 원초의 상태로 서로 포용하며 있을 뿐이다.

瞿鵲子問乎長梧子曰: "吾聞諸夫子, 聖人不從事於務, 不就利, 不違害, 不喜求, 不緣道, 無謂有謂, 有謂無謂, 而遊乎塵垢之外. 夫子以爲孟浪之言, 而我以爲妙道之行也. 吾子以爲奚若?" 長梧子曰: "是黃帝之所聽熒也, 而丘也何足以知之! 且女亦大早計, 見卵而求時夜, 見彈而求鴞炙. 予嘗爲女妄言之, 女以妄聽之, 奚旁日月, 挾宇宙, 爲其脗合, 置其滑涽, 以隸相尊. 衆人役役, 聖人愚芚, 參萬歲而一成純. 萬物盡然, 而以是相蘊.

瞿鵲子(구작자)·長梧子(장오자) : 둘 다 가공의 인물이다. 구작자는 유가 사상가인 공자의 제자이고 장오자는 도를 깨달은 인물로 등장하고 있다.

務(무) : 억지로 힘쓰다

道(도) : 여기에서는 일반적인 의미의 '가르침'으로 사용되었다.

塵垢(진구) : 먼지와 때. 일반 사람들이 살고 있는 세속을 가리킨다.

孟浪(맹랑) : 허황되고 황당함

黃帝(황제) : 중국의 건국 신화에 등장하는 여러 제왕 중 한 명을 말한다.

熒(형) : 현혹되다

丘(구) : 공자의 이름. 공자를 낮추어 보므로 공자 이름을 직접 사용하고 있다.

무計(조계) : 일찍 판단하다. 제대로 알지도 못하며 섣불리 생각해 버리는 것을
     말한다.

鴞(효) : 부엉이

炙(적) : 굽다, 고기구이

妄(망) : 멋대로, 함부로

挾(협) : 끼다, 끼우다

脗(문) : 꼭 맞다

隷(예) : 노예, 종

參(참) : 여기에서는 '섞다, 혼합하다'의 뜻으로 쓰였다.

蘊(온) : 감싸다, 포용하다

삶을 기뻐하는 것이 미혹된 일이 아니라는 것을 그 누가 알겠는가?
죽음을 싫어하는 것이 마치 어려서 고향을 떠난 뒤 다시 돌아갈 줄을 모
르는 것과 같음을 그 누가 알겠는가? 옛날 애(艾) 지방 국경 관리인의
딸 여희가 진나라에 끌려가게 되었는데, 처음 끌려갔을 때는 너무나도
슬프게 울어서 옷깃을 적실 정도였지만, 왕의 처소에서 왕과 잠자리를
같이하고 귀한 음식을 먹은 후에는 처음에 와서 울었던 것을 후회했다
고 한다.

이처럼 죽은 사람이 자신이 죽기 전에 삶을 바랐던 것을 후회할지 그
누가 알겠는가? 꿈속에서 음주가무를 즐기던 사람이 아침에 잠에서 깬
뒤 불의의 일을 당해 슬피 울기도 하고, 꿈속에서 슬피 울던 사람이 아
침에 잠에서 깨면 즐겁게 사냥을 나가기도 한다. 꿈속에서는 지금 꿈을

꾸고 있는지를 알 수 없고 어떨 때는 꿈속에서 다시 꿈을 꾸기도 하지만, 깨고 나서야 비로소 꿈을 꾸었는지를 알게 된다.

우리가 살아가는 인생 또한 마찬가지니, 크게 깨달은 후에야 인생이 마치 꿈과 같은 것임을 알게 된다. 어리석은 사람은 자신이 스스로 깨어 있다고 착각하여 뻔뻔하게 알은체를 하며 임금이 어쩌고 목동이 어쩌고 서로 구분해대기 바쁘다. 참으로 어리석기 짝이 없도다! 자네의 스승인 공구나 자네 모두 내가 볼 때는 여전히 꿈에서 깨지 못한 것 같구나. 물론 지금 내가 하는 이야기 역시 꿈에서 깨지 못한 것일 수 있다. 이런 말들은 괴상하고 기이한 말이라고 불리는데, 혹여 오랜 시간이 지난 후에 위대한 성인을 만나면 이러한 이치를 깨달을 수도 있을 것이니, 이 이치를 깨닫고 나면 이 오랜 시간조차 한순간의 일과 같을 것이다.

가령 자네와 내가 논쟁을 하여 자네가 이기고 내가 졌다고 하자. 그렇다면 과연 자네가 옳고 내가 틀린 것일까? 반대로 내가 논쟁에서 이기고 자네가 졌다고 하자. 그렇다면 내가 옳고 자네가 틀린 것인가? 둘 중 하나가 옳고 다른 하나가 틀린 것인가, 아니면 둘 다 옳거나 둘 다 틀린 것인가? 나와 자네 모두 이를 알지 못하고, 사람들은 모두 각자의 생각에 갇혀 있는데, 과연 누구에게 옳고 그름의 판단을 맡겨야 하겠는가?

만약 자네와 생각이 같은 사람에게 판단을 맡긴다면 그 사람은 자네와 생각이 같을 텐데 어찌 제대로 판단할 수 있겠는가? 반대로 나와 생각이 같은 사람에게 판단을 맡긴다면 그 사람은 나와 생각이 같을 테니 역시 제대로 판단할 수 없을 것이다. 만약 우리 둘과 모두 의견이 다른 사람에게 판단을 맡긴다고 하면, 그는 우리 둘 모두와 의견이 완전히 다르니 애초에 우리 둘의 의견을 판단할 수 없을 것이다. 그렇다고 해서 우리 둘 모두와 의견이 같은 사람에게 판단을 맡긴다면, 그는 이미 우리 모두와 같으니 역시 달리 판단할 수 있지 않을 것이다. 이처럼 나와 자네 혹은 다른 어떠한 사람이라도 누가 옳은지 그른지를 판단할 수 없는데, 대체 누구에게 기대할 수 있을까?

이처럼 일정하지 않고 변하는 주장들은 상대적인 관계에 있다. 이를 상대적인 관계 속에 있지 않게 하려면 자연의 구분〔天倪〕에 근거해 모든 것을 조화시키고 그에 따라 모든 것이 자연스럽게 흘러가도록 두어야 한다. 그렇게 하면 평생 자유롭게 살아갈 수 있다. 자연의 구분에 근거해 조화한다는 것은 무슨 말인가? 옳음이 있으면 옳지 않음이 있을 것이고, 그러함이 있으면 그렇지 않음이 있을 것이다. 만약 그것이 진정으로 옳다고 한다면 옳지 않은 것과는 명백히 다르니 달리 변론할 필요도 없다. 만약 그것이 진정으로 그러하다면 그러하지 않은 것과는 명백히 다르니 역시 변론할 필요가 없다. 시간의 흐름을 잊고 시시비비를 따지지 않는다면 무한한 경지로 나아가 그 속에 머무를 수 있게 될 것이다."

予惡乎知說生之非惑邪! 予惡乎知惡死之非弱喪而不知歸者邪! 麗之姬, 艾封人之子也. 晉國之始得之也, 涕泣沾襟. 及其至於王所, 與王同筐牀, 食芻豢, 而後悔其泣也. 予惡乎知夫死者不悔其始之蘄生乎! 夢飲酒者, 旦而哭泣. 夢哭泣者, 旦而田獵. 方其夢也, 不知其夢也. 夢之中又占其夢焉, 覺而後知其夢也. 且有大覺而後知此其大夢也, 而愚者自以爲覺, 竊竊然知之. 君乎, 牧乎, 固哉! 丘也與女, 皆夢也. 予謂女夢, 亦夢也. 是其言也, 其名爲弔詭. 萬世之後而一遇大聖, 知其解者, 是旦暮遇之也. 既使我與若辯矣, 若勝我, 我不若勝, 若果是也, 我果非也邪? 我勝若, 若不吾勝, 我果是也? 而果非

也邪? 其或是也, 其或非也邪? 其俱是也, 其俱非也邪? 我與
若不能相知也, 則人固受其黮闇. 吾誰使正之? 使同乎若者
正之, 既與若同矣, 惡能正之! 使同乎我者正之, 既同乎我矣,
惡能正之! 使異乎我與若者正之, 既異乎我與若矣, 惡能正
之? 使同乎我與若者正之, 既同乎我與若矣, 惡能正之! 然則
我與若與人俱不能相知也, 而待彼也邪? 化聲之相待, 若其
不相待, 和之以天倪, 因之以曼衍, 所以窮年也. "何謂和之以
天倪?" 曰: "是不是, 然不然. 是若果是也, 則是之異乎不是也,
亦無辯. 然若果然也, 則然之異乎不然也, 亦無辯. 忘年忘義,
振於無竟, 故寓諸無竟."

麗之姬(여지희) : 중국 춘추시대 진(晉)나라 헌공(獻公)의 비(妃). 원래는 여융(麗
　　　戎)이라는 이민족의 공주였으나 헌공이 이민족을 정벌했을 때 사로잡혀
　　　후궁이 되었다.

艾(애) : 땅 이름

沾(첨) : 적시다

襟(금) : 옷깃

筐牀(광상) : 침상, 잠자리

蘄(기) : 바라다

田獵(전렵) : 사냥하다

竊竊然(절절연) : 뻔뻔한 모습을 표현하는 의태어

弔詭(조궤) : 매우 괴의함

暮(모) : 날이 저물다

黮闇(담암) : 어두운 모양. 여기에서는 알 수 없어서 알쏭달쏭한 모습을 표현한다.

蔓衍(만연) : 변화

天倪(천예) : 예(倪)는 '구분'의 의미다. 자연은 인위적으로 만물을 구분하지 않는
　　　다는 의미로 사용하고 있다.

해설

구작자와 장오자의 대화를 들어 장자는 도를 깨달은 사람의 경지를 설명
하고 있다. 얼핏 듣기에 도를 깨달은 성인의 경지는 황당하기 짝이 없다.
상대적 가치 판단에 갇혀 세상을 바라본다면 도의 경지는 이처럼 황당한
것에 지나지 않는다.

예를 들어, 인간이 고민하고 생각하는 많은 문제 가운데 삶과 죽음의 문제
만을 놓고 생각해 보면, 우리는 삶이 좋은 것인지 죽음이 좋은 것인지 도무
지 판단할 수 없다. 마치 꿈을 꾸고 있는 사람은 꿈이 꿈인지 현실인지 구
분을 못하는 것과 같은 이치다. 만약 꿈에서 깬 사람이라면 자신이 잠시 꿈
을 꾸었다는 사실을 너무나도 잘 알 텐데 말이다. 장자가 보기에 우리 인간
은 마치 꿈을 꾸고 있는 사람 같다. 자신이 꿈을 꾸고 있다는 사실을 알지
못한 채 "나는 현실에 있노라!" 외쳐댄다. 함부로 자신의 생각이 옳다고 단
정지어서는 안 되는 까닭이다.

그렇다면 세상에는 진정으로 옳고 그른 것이란 없는 것일까? 그렇지는 않
다. 꿈이 있다면 반드시 꿈에서 깨어난 사람도 있다. 우리 인생이 꿈과 같
아서 우리 모두가 마치 꿈을 꾸고 있는 것처럼 어리석은 상태라면, 도를 깨
달아 어리석은 상태에서 벗어난 사람도 분명히 있을 것이지만, 꿈속에 있
는 사람은 그것을 결코 알지 못한다.

그런데 같은 이치로 설령 꿈에서 깬 상태라고 한들, 우리가 그것을 확신할
수 있는가 하는 문제가 발생한다. 장자는 이에 대한 회의를 계속 이어나가

며, 자신이 꿈에서 깼노라 확신하는 마음의 상태라면 역설적으로 영원히 꿈속을 벗어나지 못할 것이라 암시한다. 장자가 말하는 도의 경지란, 꿈이냐 현실이냐 혹은 이것이냐 저것이냐의 문제가 아니라, 그러한 대립 자체가 사라진 인식의 상태이기 때문이다.

13

그림자 가장자리의 어둠이 그림자에게 물었다. "그림자여, 방금 전에는 움직이다가 지금은 멈추고, 방금 전에는 앉아 있다가 지금은 서 있구나. 어찌하여 아무런 의도나 규칙도 없이 행동하는 것인가?"

그림자가 답했다. "나는 내가 의지하는 물체에 따라 그렇게 행동하는 것이다! 내가 의지하는 물체는 또 그것이 의지하는 바에 따라 그렇게 행동하겠지. 내가 어딘가에 의지하는 것은 뱀이 비늘에 의지하여 움직이고 매미가 날개에 의지하여 움직이는 것과 같을 것이다. 그러니 내가 어찌하여 이러는지 어떻게 알며, 또 어찌하여 이렇지 않은지 어떻게 알 수 있겠는가?"

罔兩問景曰: "曩子行, 今子止, 曩子坐, 今子起, 何其無特操與?" 景曰: "吾有待而然者邪! 吾所待又有待而然者邪! 吾待蛇蚹蜩翼邪! 惡識所以然? 惡識所以不然?"

罔兩(망량) : 그림자의 가장자리에 생기는 옅은 그늘
景(영) : 그림자
曩(낭) : 아까, 방금

特操(특조) : 특별한 절차나 일정한 규칙

蛇蚹(사부) : 뱀의 비늘

蜩翼(조익) : 매미의 날개

해설

그림자는 자신이 직접 움직이는 것이 아니라 실제 사물에 따라 움직이게 된다. 인간 역시 어쩌면 그림자와 같은 존재일지도 모른다. 장자는 인간과 사물 그리고 모든 현상을 가능하게 하는 어떤 근본적인 원리가 있다고 생각한다. 그것을 모르면서 자신이 모든 것을 알고 있다고 하는 것은 마치 그림자가 자신이 직접 움직인다고 착각하는 것과 다를 바 없지 않을까?

14

어느 날 장주(莊周)가 나비가 되는 꿈을 꾸었다. 꿈속에서 그는 훨훨 자유롭게 날아다녔는데, 자신이 장주라는 사실은 전혀 알지 못했다. 그러다 갑자기 잠에서 깨어나 보니 분명 장주가 맞았다. 과연 장주가 나비가 되는 꿈을 꾼 것일까, 아니면 나비가 장주가 되는 꿈을 꾼 것일까? 장주와 나비 사이에는 분명히 구분되는 부분이 있을 것이다. 이처럼 변화해 가는 것을 가리켜 '물화(物化)'라고 말한다.

昔者莊周夢爲胡蝶, 栩栩然胡蝶也, 自喻適志與! 不知周也. 俄然覺, 則蘧蘧然周也. 不知周之夢爲胡蝶與, 胡蝶之夢爲周與? 周與胡蝶, 則必有分矣. 此之謂物化.

胡蝶(호접) : 나비

栩栩然(허허연) : 나비가 한가롭게 나는 모양을 표현하는 의태어

喻(유) : 즐기다

俄然(아연) : 갑작스러운 모습을 표현하는 의태어

蘧蘧然(거거연) : 뚜렷한 모습을 표현하는 의태어

해설

호접몽이라고 하는 잘 알려진 이야기다. 장주는 꿈에서 나비가 되었는데 깨고 나서 생각해 보니 자신이 장주인지 나비인지 도무지 판단할 수 없었다. 자신이 정말 '나'가 맞는지, 아니면 원래 나비였다가 꿈을 꾸어서 장주가 되어 있는지 함부로 말할 수 없었다.

이 이야기는 정말로 장주가 사람이 아니라 나비일 수도 있다는 말을 하는 것이 아니다. 진정한 깨달음을 얻지 못한 상태에서 말해지는 다양한 주장은 절대적으로 옳은 것이 아니라, '그럴 수도 있고, 아닐 수도 있는 것'이라는 것을 지적하는 것이다. 심지어는 자기 자신에 대해서도 확실히 말할 수 없으니 어떤 것이 진짜라고 말할 수 있을까?

우리가 사는 세계는 온통 이러한 '그럴 수도 있고, 아닐 수도 있는 것'으로 이루어져 있다. 아름다움과 추함, 선함과 악함, 삶과 죽음 등등. 이런 것들은 항상 때에 따라 변화하는 것일 뿐 늘 일정하게 말할 수 있는 것이 아니다. 물화(物化)라는 말도 이처럼 항상 변화한다는 것을 의미한다. 세상 모든 것은 그저 도(道)가 다양하게 변화되어 나타나는 모습이다. 그 하나의 모습만을 보고 섣불리 판단을 해서는 결코 안 된다.

제3편

양생주 養生主

1

우리 삶에는 한계가 있지만, 앎에는 한계가 없다. 한계가 있는 것을 가지고 한계가 없는 것을 쫓으려고 한다면 위태로울 것이다. 그런데도 앎을 억지로 쫓아가면 결국 위태로워질 뿐이다. 선(善)을 행하며 명성을 가까이하지 말고, 악(惡)을 행하며 형벌을 가까이하지 말라. 선악을 떠난 중간의 상태를 기준으로 삼으면 신체를 잘 보호할 수 있고 타고난 본성을 보전할 수 있으며 부모를 제대로 봉양할 수 있고 천수를 누리며 살 수 있다.

吾生也有涯, 而知也無涯. 以有涯隨無涯, 殆已. 已而爲知者, 殆而已矣. 爲善無近名, 爲惡無近刑. 緣督以爲經, 可以保身, 可以全生, 可以養親, 可以盡年.

涯(애) : 끝, 한계

殆(태) : 위태롭다

名(명) : 이름, 명성

督(독) : 가운데

經(경) : 원칙, 도리

生(생) : 여기에서는 '성(性)'의 뜻으로 읽는다.

해설

〈양생주〉편에서는 인간이 어떻게 하면 타고난 삶을 온전히 살아갈 수 있을지 이야기하고 있다. 장자가 항상 강조하는 것은 '타고난 그대로의 모습'이다. 장자는 억지로 삶에 집착하거나, 삶을 버리고 죽음을 택하는 것을 모두 비판한다. 왜냐하면 우리 생명 역시도 타고난 그대로의 모습이 있기 때문이다. 따라서 타고난 그대로의 삶을 가장 잘 누리면서 살아가기 위해서 어떻게 해야 하는지를 말하고 있다.

2

포정이 문혜군을 위해 소를 해체한 적이 있다. 손이 닿는 곳, 어깨를 기대는 곳, 발을 밟는 곳, 한쪽 무릎으로 누르는 곳마다 가죽과 살이 뼈와 분리되면서 사각사각, 뿌득뿌득 소리를 냈고, 칼이 지나갈 때마다 설경설경 고기 자르는 소리가 났는데 얼마나 모습이 절도가 있는지 전부 박자에 들어맞았다. 그 모습은 마치 〈상림〉의 춤, 〈경수〉의 음률과 같았다.

문혜군이 그 모습을 보고 감탄하여 말했다. "아, 훌륭하구나! 어떻게 기술이 이런 지경에 이를 수 있는가?"

포정이 칼을 놓고 대답했다. "제가 좋아하는 것은 도(道)인데, 이것은 기술보다 앞서는 것입니다. 처음 제가 소를 해체했을 때는 눈에 그저 큰 덩어리의 소만 보였습니다. 삼 년이 지난 후에는 소가 덩어리째 보이는 일이 사라졌습니다. 지금은 눈으로 소를 보지 않고 머릿속에서 정신을 통해 소를 접합니다. 감각기관의 작용을 멈추고 정신을 따라 움직이는데, 소의 몸에 있는 결에 따라 살과 힘줄의 틈새를 가르고 뼈와 관절 사이의 공간으로 칼을 집어넣어 본래의 구조에 맞게 칼을 쓰면 얽히고설킨 부분까지도 칼을 놀리는 데 전혀 거리낌이 없습니다. 그런데 큰 뼈들 사이야 말할 것이 있겠습니까? 솜씨 좋은 요리사는 일 년마다 칼을 바꿉니다. 고기를 해체할 때 살을 함께 베기 때문입니다. 그보다 못한 요리사는 달마다 칼을 바꿉니다. 칼질이 서툴러 자꾸만 뼈를 베기 때문입니다.

제 칼은 지금 사용한 지 19년이 되었습니다. 소를 수천 마리나 해체했지만 칼날은 방금 숫돌에서 갈아 나온 것과 다름이 없습니다. 소의 마디마디에 틈이 있는데 칼은 그 틈보다 두께가 얇기 마련이니, 두께가 얇은 칼날을 넓은 틈으로 넣어 움직이므로 널찍하고 여유가 있는 것입니다. 이러한 덕분에 제 칼은 19년이 지나도 숫돌에서 새로 갈아 나온 것과 같습니다.

그렇지만 저 또한 뼈와 살이 무리 지어 엉긴 곳에 이르면 매번 조심하고 신중할 수밖에 없습니다. 시선을 집중한 채 천천히 손을 움직이지요. 이렇게 칼날을 미세하게 움직여 나가면 어느새 뼈와 살이 후드득후드득 떨어져 땅에 수북이 쌓이게 됩니다. 그러면 칼을 멈추고 사방을 둘러보고는 흡족한 기분으로 칼을 닦아 넣습니다."

이 말을 듣고 문혜군이 말씀하셨다. "훌륭하다! 내가 포정의 말을 듣고 삶을 살아가는 참된 원리를 터득했도다!"

庖丁爲文惠君解牛, 手之所觸, 肩之所倚, 足之所履, 膝之所

踦, 砉然嚮然, 奏刀騞然, 莫不中音. 合於〈桑林〉之舞, 乃中
〈經首〉之會. 文惠君曰: "譆! 善哉! 技蓋至此乎?" 庖丁釋刀對
曰: "臣之所好者道也, 進乎技矣. 始臣之解牛之時, 所見無非
牛者. 三年之後, 未嘗見全牛也. 方今之時, 臣以神遇而不以
目視, 官知止而神欲行. 依乎天理, 批大郤, 導大窾因其固然.
技經肯綮之未嘗, 而況大軱乎! 良庖歲更刀, 割也. 族庖月更
刀, 折也. 今臣之刀十九年矣, 所解數千牛矣, 而刀刃若新發
於硎. 彼節者有間, 而刀刃者無厚, 以無厚入有閒, 恢恢乎其
於遊刃必有餘地矣, 是以十九年而刀刃若新發於硎. 雖然, 每
至於族, 吾見其難爲, 怵然爲戒, 視爲止, 行爲遲. 動刀甚微,
謋然已解, 如土委地. 提刀而立, 爲之四顧, 爲之躊躇滿志, 善
刀而藏之." 文惠君曰: "善哉! 吾聞庖丁之言, 得養生焉."

庖丁(포정) : 포(庖)는 요리사다. '정(丁)이라는 이름의 요리사'라는 뜻이다. 또한
  주방장을 가리키기도 한다.

文惠君(문혜군) : 양(梁)나라 혜왕. 하지만 위 이야기는 실화가 아니고 이름만 빌
  려온 것이다.

倚(의) : 기대다

履(리) : 밟다

膝(슬) : 무릎

踦(기) : 딛다, 누르다

砉然(획연) : 뼈와 살을 가를 때 나는 소리를 표현하는 의성어

嚮然(향연) : 물체가 부딪칠 때 울리는 소리는 표현하는 의성어

奏刀(주도) : 칼을 쓰다

騞然(획연) : 칼이 지나갈 때 나는 소리를 표현하는 의성어

〈桑林〉(상림) : 옛날의 유명한 춤곡의 이름. 포정이 소를 해체하는 모습이 마치 춤을 추듯 절도 있고 박자에 들어맞는다는 점을 나타내기 위해 사용한 말이다.

〈經首〉(경수) : 요임금이 지었다고 전해지는 시가. 이 역시 음악적인 측면을 강조하기 위해 사용한 것이다.

譆(희) : 감탄사. '아!'

臣(신) : 자기 자신을 낮추어 부르는 말

郤(극) : 틈

窾(관) : 빈 공간

肯綮(긍계) : 뼈에 붙은 살과 힘줄

軱(고) : 큰 뼈

硎(형) : 숫돌

怵然(출연) : 두려워하는 모습을 표현하는 의태어

遲(지) : 더디다

謋然(획연) : 살을 발라내는 소리를 표현하는 의성어

委(위) : 쌓다, 쌓이다

躊躇(주저) : 머뭇거리다

해설

인간을 포함한 모든 생물은 태어나서 살아가고 다시 죽음을 맞이한다. 누가 시킨 것도 아닌데 세상은 그렇게 흘러가는 것이다. 인간으로서는 대체 무엇이 세상을 만들고 움직이는지 도무지 알 수 없지만, 세상은 분명히 일정한 법칙에 따라 흘러가고 있다. 그러한 우리 세계의 법칙을 도가에서는

'도(道)'라고 했다. 이 도는 세상의 어떤 일에도 영향을 미친다.

소를 해체하는 요리사의 이야기는 도에 따른다는 것이 어떠한 함의를 지니는지를 말해주는 비유이다. 소를 잘 해체하기 위해서는 소의 생김새나 구조를 잘 이해하고 그에 따라야 한다. 뼈와 살의 결을 따라 물 흐르듯 해체하면 큰 힘을 들이지 않고 소를 해체할 수 있다. 이를 더 확장해서 생각해 보면, 도를 따른다는 것은 결국 우리의 타고난 바를 알고 그에 따라 살아간다는 말이 된다. 포정이 소의 구조를 잘 이해하고 그에 충실히 따라 소를 해체함으로써 높은 경지에 도달할 수 있었다면, 우리 역시 타고난 본성과 본분을 충실히 따를 때 인생의 높은 경지에 도달할 수 있을 것이다.

● 양생(養生) : 이를 직역하면 '삶을 기르다'라는 말이 되며, 여기에서는 타고난 생명을 온전하게 보존하며 삶을 충실하게 가꾸어 나간다는 의미로 사용되고 있다.

3

공문헌이 우사를 보고 놀라며 말했다. "이 사람은 어찌된 사람인가? 어찌하여 한 발이 잘렸는가? 천성적으로 그렇게 된 것일까, 아니면 인위적으로 그렇게 된 것일까?"

곰곰이 생각하던 공문헌이 깨달았다는 듯이 이렇게 말했다. "천성적으로 그런 것이지 인위적으로 그렇게 된 것이 아니겠구나. 인간의 용모란 하늘이 부여하는 것이니, 하늘이 낳을 때부터 외발로 만든 것이 분명하다. 그러니 이 사람을 이렇게 만든 것은 인간이 아니라 바로 하늘임을 알 수 있다."

公文軒見右師而驚曰: "是何人也? 惡乎介也? 天與, 其人與?"
曰: "天也, 非人也. 天之生是使獨也, 人之貌有與也. 以是知
其天也, 非人也."

公文軒(공문헌) : 송나라의 인물. 공문(公文)은 성, 헌(軒)은 이름이다.

右師(우사) : 송나라의 인물. 이름은 알 수 없으며, 우사(右師)는 관직 이름이다.

介(개) : 홀로, 발이 한쪽밖에 없는 것을 가리킨다. 고대 중국에서는 발을 자르는
형벌이 있었으므로 형벌을 받아서 외발이 되었는지를 물은 것이다.

貌(모) : 모양

해설

여기에서 하늘[天]이 의미하는 것은 본래 타고난 성질을 말하고, 인간[人]
이 의미하는 것은 살아가면서 얻게 된 성질을 의미한다. 짧은 이야기지만
하늘이 인간의 속성을 부여하며, 이는 천성적으로 바꿀 수 없는 본분임을
말하는 중요한 대목이다.

4

연못가에 사는 꿩은 열 걸음마다 겨우 한 번 먹이를 쪼아 먹을 수 있
고, 백 걸음마다 겨우 한 모금 물을 마실 수 있지만 새장 속에서 길러지
기를 바라지는 않는다. 기운은 왕성해지겠지만 본래 성질에 맞지 않아
즐거울 수 없다.

澤雉十步一啄, 百步一飮, 不蘄畜乎樊中. 神雖王, 不善也.

雉(치) : 꿩

啄(탁) : 쪼다

蘄(기) : 바라다

畜(휵) : 기르다

樊(번) : 새장

神(신) : 정신, 기운

王(왕) : 왕성하다

해설

새는 원래 자연 속에서 자유롭게 날아다니면서 살아가야 한다. 그것이 본래 타고난 성질이기 때문이다. 새장 속에서 새가 길러진다면 굳이 먹이를 찾으러 나가지 않아도 배불리 먹어서 기운이 왕성해질 수는 있을 것이다. 하지만 훨훨 날아다닐 수 없다면 그것이 새에게 좋은 것일까?

5

노담이 죽자 진일이 조문을 갔는데, 딱 세 번만 곡을 하고 나왔다.

이를 본 제자가 물었다. "스승님의 친구분이 아니십니까?"

진일이 대답했다. "그러하다."

제자가 물었다. "그런데 이렇게 조문해도 되는 것입니까?"

진일이 대답했다. "그렇다. 나는 원래 노담이 지인의 경지에 오른 인물이라고 생각했는데, 지금 보니 그렇지 못하구나. 아까 내가 들어가서 조문을 하려고 했을 때 곡을 하던 늙은이가 있었는데, 마치 제 자식의 죽음에 곡하는 것 같았고, 어떤 젊은이는 마치 제 어머니의 죽음에 곡하는 것 같았다. 사람들이 이렇게 모여들어 구슬프게 곡을 하는 것은 생전에 넘칠 정도의 정이 쌓여 있었던 것이다. 그러니 노담이 설령 원치 않는다고 하더라도 이렇게 사람들이 찾아와 조문하고 구슬프게 곡을 하는 것이 아니겠나. 이는 자연스러운 실정에 어긋나고 부여받은 바를 잊어버리는 것으로 옛날 사람들은 이를 '하늘의 도리를 저버린 형벌'이라고 불렀다.

노담이 세상에 태어난 것은 그저 노담이 태어날 때였기 때문이고, 죽은 것은 노담이 돌아갈 때가 되어서 그런 것이다. 태어날 때를 편안하게 맞이하고 돌아갈 순서를 편하게 따른다면 거기에는 슬픔과 기쁨 따위가 끼어들 수가 없다. 옛날 사람은 이것을 '하늘의 속박에서 벗어나는 것'이라고 말했다."

老聃死, 秦失弔之, 三號而出. 弟子曰: "非夫子之友邪?" 曰: "然." "然則弔焉若此, 可乎?" 曰: "然. 始也吾以爲其人也, 而今非也. 向吾入而弔焉, 有老者哭之, 如哭其子. 少者哭之, 如哭其母. 彼其所以會之, 必有不蘄言而言, 不蘄哭而哭者. 是遁天倍情, 忘其所受, 古者謂之遁天之刑. 適來, 夫子時也. 適去, 夫子順也. 安時而處順, 哀樂不能入也, 古者謂是帝之縣解."

老聃(노담) : 노자(老子)를 가리킴. 물론 이는 지어낸 이야기로서 인물만 빌려온 것이다.

秦失(진일) : 가공의 인물

弔(조) : 조문하다

哭(곡) : 소리 내어 우는 것

倍(배) : 배반하다

順(순) : 따르다, 순응하다

帝之縣(제지현) : 하늘의 속박. 삶과 죽음의 문제에 얽매이는 것을 가리킨다.

해설

삶과 죽음의 문제를 이야기한다. 어쩌면 삶과 죽음의 문제는 인간에게 가장 중요한 문제일지도 모른다. 하지만 장자는 거기에 얽매이지 말아야 한다고 이야기한다. 인간의 생명은 하늘이 내린 것이기 때문에 살고 죽는 문제는 하늘의 뜻에 맡겨야 한다는 것이다. 얼마나 자연스러운가? 모두가 자연스럽게 태어나고 자연스럽게 죽는데 과연 기뻐하거나 슬퍼할 필요가 있을까?

6

땔감이 다 타오르면 등불은 꺼지지만, 불이 다른 곳으로 옮겨붙으면 끝을 알 수 없이 이어진다.

指窮於爲薪, 火傳也, 不知其盡也.

指(지) : 여기에서는 지방을 뜻하는 '지(脂)'로 읽는다.

薪(신) : 땔감

傳(전) : 퍼지다

해설

한 사람의 생명은 그 사람이 죽으면 끝날지 몰라도 생명은 생명으로 이어져서 영원히 전해진다. 이 구절은 그러한 이치를 비유한 것이다. 하지만 보통 사람들은 자신의 삶이 세상의 전부인 줄로만 알고 지나치게 집착한다. 조금 더 넓은 눈으로 삶과 죽음의 문제를 바라본다면 마음이 편해질 것이다.

제4편

인간세 人間世

1

안회가 공자를 뵙고 떠나겠다고 청했다.

그러자 공자가 물었다. "어디로 가려느냐?"

안회가 답했다. "위나라로 가려 합니다."

공자가 물었다. "무엇을 하려고 가려 하느냐?"

안회가 답했다. "제가 위나라 임금에 대해 이야기를 들었는데, 혈기가 왕성하여 아주 제멋대로 행동하는데, 자신의 잘못은 전혀 깨닫지 못한다고 합니다. 또한, 백성들의 목숨을 가볍게 여겨서 걸핏하면 군사를 일으키니 죽은 사람의 수가 마치 연못의 이끼처럼 많다고 합니다. 이에 백성들이 의지할 바를 모른다고 하더군요.

옛날부터 스승님이 '잘 다스려지는 나라는 떠나고, 어지러운 나라로 나아가라. 의원에 환자가 문전성시를 이루는 것과 같은 상황이다'라고 하신 말씀을 기억합니다. 저 역시 그 말씀을 본받아 행동하고자 합니다. 그렇게 한다면 아마 위나라의 문제를 해결할 수 있지 않겠습니까?"

공자가 말했다. "흠! 네가 가게 되면 아마 형벌이나 받게 될 것이다. 도(道)는 번잡한 곳에서는 이루어질 수가 없다. 번잡해지면 처리해야 할 일이 많아지고, 일이 많아지면 방해가 많아지고, 방해가 많아지면 우환거리가 많아진다. 우환이 닥쳐오면 살아나고자 해도 살 수가 없다. 옛날의 위대한 지인은 먼저 자신부터 제대로 갖추어 놓고 남도 갖추게 했다. 네 마음에 갖추어야 할 것이 제대로 갖추어지지 않았는데 어떻게 그 난폭한 자에게까지 가르침이 이르게 할 수 있겠는가? 너 또한 덕이 어떻게 해서 사라져서 지모가 생겨나는지를 알고 있을 것이다. 덕은 명성을 추구하는 과정에서 사라지고, 지모는 다툼 속에서 생겨난다. 명성이란 사람들이 서로 갈등하게 만드는 원인이며, 지모는 사람들이 서로 다툴 때 사용하는 도구이다. 이 두 가지는 모두 흉기와 같으니, 이를 사용하여 뜻을 실행해서는 안 된다.

네가 만약 덕이 깊고 신망이 두텁다 한들 다른 사람들의 심기와 완전히 통할 수는 없다. 따라서 설령 네가 명성을 다투고자 하는 것이 아니라 할지라도 사람들은 그 마음을 알아주지 않을 것이다. 만약 난폭한 자 앞에서 굳이 인의를 내세우고 규범을 설하려 한다면 그는 네가 남의 과오를 까발려 자신의 미덕을 드러내는 것으로 받아들이고 자신을 해치려 한다고 여길 것이다. 남을 해치려고 하면 반드시 앙갚음을 당하게 되니, 너는 결국 화를 당하고 말리라!

만약 위나라 임금이 현자를 좋아하고 불초한 자를 싫어한다고 해도, 어떻게 해서 네가 남들과 다르다는 것을 보일 것이냐? 네가 아무 간언도 하지 않는다면 괜찮겠지만 혹시라도 바른 말을 올린다면 임금은 반드시 너를 권세로 눌러서 논쟁에서 이기려고 들 것이다. 그러면 너는 눈앞이 어지러워지고 얼굴이 새파래져서 입으로 변명을 늘어놓고 용모를 거짓으로 꾸며대다가 결국에는 마음속으로 그에게 굴복하고 말 테지. 이는 불로써 불을 끄고, 물로써 물을 막는 것과 같으니, 이를 '불난 집에 부채질하는 격'이라고 한다. 처음부터 그를 따르기 시작한다면 영원히 끝도 없을 것이다. 반대로 네가 변치 않고 입바른 말만 늘어놓는다면 언젠가는 반드시 그에게 죽임을 당할 것이다. 옛날 걸왕은 관룡봉을 죽였고, 주왕은 왕자 비간을 죽이지 않았느냐? 이들은 모두 덕을 수양하여 신하로서 백성들을 보살피고 군주를 보좌하였는데, (군주의 질투를 불러일으켜 죽임을 당하였으니) 오히려 그 덕으로 인해 화를 당한 꼴이 되고 말았다. 이것이 바로 명성을 좋아한 결과다.

옛날에 요임금은 총(叢), 지(枝), 서오(胥敖)를 공격하였고, 우임금은 유호(有扈)를 공격하였다. 공격을 받은 이들 나라는 폐허가 되고 그 백성들은 형벌을 받고 죽임을 당했다. 요임금과 우임금이 그칠 줄 모르고 전쟁을 일으켜 실리를 추구했기 때문이니, 이 역시 명성과 실리를 추구한 결과라 할 수 있다. 너는 정녕 이 이야기를 들어보지 못했단 말이냐? 명성과 실리란 성인조차도 이겨내기 힘든 것인데, 너는 오죽하겠느냐? 그렇지만 너에게도 생각이 있을 테니, 네 계획을 한번 말해보거라."

顔回見仲尼請行. 曰: "奚之?" 曰: "將之衛." 曰: "奚爲焉?" 曰: "回聞衛君, 其年壯, 其行獨, 輕用其國而不見其過, 輕用民死, 死者以國量乎澤, 若蕉民其無如矣. 回嘗聞之夫子曰: '治國去之, 亂國就之, 醫門多疾.' 願以所聞思其則庶幾其國有瘳乎!" 仲尼曰: "譆! 若殆往而刑耳! 夫道不欲雜, 雜則多, 多則擾, 擾則憂, 憂而不救. 古之至人, 先存諸己而後存諸人. 所存於己者未定, 何暇至於暴人之所行! 且若亦知夫德之所蕩而知之所爲出乎哉? 德蕩乎名, 知出乎爭. 名也者, 相軋也. 知也者, 爭之器也. 二者凶器, 非所以盡行也. 且德厚信矼, 未達人氣. 名聞不爭, 未達人心. 而强以仁義繩墨之言, 術暴人之前者, 是以人惡有其美也, 命之曰菑人. 菑人者, 人必反菑之, 若殆爲人菑夫! 且苟爲悅賢而惡不肖, 惡用而求有以異? 若唯無詔, 王公必將乘人而鬪其捷. 而目將熒之, 而色將平之, 口將營之, 容將形之, 心且成之. 是以火救火, 以水救水, 名之曰益多, 順始無窮. 若殆以不信厚言, 必死於暴人之前矣. 且昔者桀殺關龍逢, 紂殺王子比干, 是皆修其身以下傴拊人之民, 以下拂其上者也, 故其君因其修以擠之. 是好名者也. 昔者堯攻叢枝, 胥敖禹攻有扈, 國爲虛厲, 身爲刑戮, 其用兵不止, 其求實無已. 是皆求名實者也, 而獨不聞之乎? 名實者, 聖人之所不能勝也, 而況若乎! 雖然, 若必有以也, 嘗以語我來!"

顔回(안회)·仲尼(중니) : 안회는 공자의 제자이고, 중니는 공자의 자(字). 위의 이야기는 인물만 빌려왔지 허구이다.

衛(위) : 나라 이름

蕉(초) : 물풀의 한 종류

瘳(추) : 병이 낫다. 혼란스러운 정치가 잘 다스려진다는 의미로 사용되었다.

擾(요) : 어지럽다

憂(우) : 근심스럽다

諸(저) : '지어(之於)'의 줄임말. 諸A라고 하면 'A에서'로 해석된다.

暇(가) : 겨를

暴人(포인) : 난폭한 사람. 여기에서는 위나라 임금을 가리킨다.

蕩(탕) : 녹아 없어지다, 사라지다

軋(알) : 상대방의 의견을 깎아내리다

砳(강) : 굳세다

繩墨(승묵) : 직선을 긋는 데 사용하는 도구. 여기에서는 기준, 법칙을 의미한다.

菑(재) : 재앙

詔(조) : 가르치다

鬪(투) : 다투다

捷(첩) : 말재간이 좋다

熒(형) : 어지럽히다, 현혹하다

桀(걸)·關龍逢(관룡봉) : 걸은 중국 하나라의 마지막 임금이었다. 관룡봉은 그의
　　　　충신이었으나 걸임금의 잘못을 지적하다가 처형당했다.

紂(주)·比干(비간) : 주(紂)는 중국 은나라의 마지막 임금이었다. 비간은 그의 숙
　　　　부였는데 역시 잘못을 바로잡으려다가 죽임을 당했다.

修(수) : 닦다, 수양하다

傴拊(구부) : 구부려서 어루만지다. 백성을 잘 보살펴 민심을 얻는 것을 의미한다.

拂(불) : 거스르다, 어기다

擠(제) : 배척하다, 제거하다

叢(총)·枝(지)·胥敖(서오)·有扈(유호) : 나라 이름

虛厲(허려) : 폐허

戮(륙) : 죽이다, 처형하다

　안회가 말했다. "겉으로는 몸가짐을 단정히 하고 속으로는 마음을 비
운 채로 정신을 오로지 일에만 집중하면서 노력한다면 어떻겠습니까?"
　공자가 말했다. "아! 어찌 가능하겠느냐?! 위나라 임금은 사나운 기

운이 넘쳐흐르고 변덕이 심하여 사람들은 감히 그를 거역할 생각조차 하지 못한다. 그렇게 사람들이 느끼는 바를 억누르고 오로지 제 마음 가는 대로 행동한다. 이러한 자는 매일 조금씩 작은 덕을 감화해 나가는 것도 불가능한데 어떻게 큰 덕을 한 번에 깨우치게 할 수 있겠느냐? 그런 사람은 자기 생각에 몰두하여 남의 생각을 도통 들으려 하지 않으니, 밖으로는 너그럽게 보여도 안으로는 옹졸하기가 그지없다. 그런데 너에게 무슨 뾰족한 수가 있겠느냐?"

顔回曰: "端而虛, 勉而一, 則可乎?" 曰: "惡! 惡可? 夫以陽爲 充孔揚, 采色不定, 常人之所不違, 因案人之所感, 以求容與 其心. 名之曰, 日漸之德不成, 而況大德乎! 將執而不化, 外合 而內不訾, 其庸詎可乎!"

端(단) : 단정히 하다

勉(면) : 힘써 노력하다

陽(양) : 양기

采色(채색) : 얼굴빛

案(안) : 억누르다

漸(점) : 점점

庸詎(용거) : 어찌

안회가 말했다. "만일 사정이 그렇다면 저는 안으로는 주장을 곧게 지키면서도 겉으로는 주장을 굽혀 완곡한 태도를 취하겠습니다. 또한 제 생각을 말하되 옛날 사람들의 의견을 인용해서 말을 하겠습니다. 마음을 곧게 한다는 것은 자연과 함께 무리는 이루는 것을 말합니다. 자연과 서로 무리를 이루는 자는 천자든 나든 그 본성이 모두 똑같이 하늘로부터 부여받은 것임을 아는데, 자신의 말에 대해 다른 사람들이 좋다 나쁘다 이야기한들 그에게 무슨 소용이 있겠습니까? 이렇게 하면 사람들은 그를 '어린아이같이 순진하다'라고 이야기할 것이니, 이것이 바로 자연과 서로 무리를 이룬 자의 모습입니다. 겉으로 주장을 굽혀 완곡한 태도를 취한다는 것은 남들과 함께 무리를 이루는 것을 말합니다. 손을 공손히 모은 채 엎드려 절하는 것은 신하로서 예절입니다. 다른 사람들이 모두 그렇게 하는데 제가 감히 그렇게 하지 않을 수 있겠습니까? 사람들이 하는 대로만 하면 남들이 저를 헐뜯지 않을 것입니다. 이렇게 행동하는 것이 바로 남들과 함께 무리를 이룬다는 것입니다. 자기 생각을 말하되 옛날 사람들의 말을 인용하여 말하는 자는 옛사람과 무리를 이루는 격입니다. 겉으로는 옛날의 교훈을 말할 뿐이지만 실제 내용은 상대를 질책하는 것인데, 어디까지나 옛날에 있던 말을 하는 것이기에 이렇게 하면 자신의 주장을 올곧게 내세울 수 있으면서도 해를 입지는 않을 것입니다. 옛사람과 함께 무리를 이룬다고 하는 것은 바로 이러한 방식을 말합니다. 이렇게 하면 어떻겠습니까?"

공자가 말했다. "아! 어떻게 가능하겠느냐? 방법이 너무 복잡하고 조리가 없구나. 분명 고루하고 편협한 방법이기는 하나 이렇게 한다면 죄를 얻지는 않을 것이다. 그렇지만 그것뿐이다. 이것으로 어떻게 남을 감화하는 데까지 이를 수 있겠느냐? 너는 여전히 자기주장만을 하려고 하지 않는가?"

"然則我內直而外曲, 成而上比. 內直者, 與天爲徒. 與天爲徒者, 知天子之與己皆天之所子, 而獨以己言蘄乎而人善之, 蘄乎而人不善之邪? 若然者, 人謂之童子, 是之謂與天爲徒. 外曲者, 與人爲徒也. 擎跽曲拳, 人臣之禮也, 人皆爲之, 吾敢不爲邪! 爲人之所爲者, 人亦無疵焉, 是之謂與人爲徒. 成而上比者, 與古爲徒. 其言雖敎, 讁之實也. 古之有也, 非吾有也. 若然者, 雖直不爲病, 是之謂與古爲徒. 若是則可乎?" 仲尼曰: "惡! 惡可? 大多政, 法而不諜, 雖固亦无罪. 雖然, 止是耳矣, 夫胡可以及化. 猶師心者也."

內直而外曲(내직이외곡) : 속으로는 자신의 주장을 지니고 있으나, 겉으로는 상
　　　대방의 말을 따르는 것처럼 행동

天子(천자) : 황제를 가리킴

童子(동자) : 어린아이

徒(도) : 무리, 편

擎(경) : 손을 모아 높이 드는 것

跽(기) : 무릎을 꿇지만 엉덩이가 발에 닿지 않게 몸을 세우고 있는 것

曲拳(곡권) : 몸을 숙여 절하는 것

疵(자) : 헐뜯다, 비난하다

敎(교) : 가르치다

諜(첩) : 타당함, 조리(條理), 논리

固(고) : 고루함. 관대하지 않음을 의미한다.

胡(호) : 어찌

師心(사심) : 자신의 마음을 스승으로 삼음. 자신의 주장만을 펼치려고 하는 것

을 가리킨다.

해설

〈인간세〉편에서는 본격적으로 장자의 생각을 현실에 적용하고 있다. 도를 따라 행동하는 것은 구체적으로 무슨 뜻인가? 옳고 그름, 삶과 죽음과 같은 문제를 초월하는 경지란 대체 무엇일까? 만약 그러한 사람이 현실에서 정치를 한다면 어떻게 행동할 수 있을까? 〈인간세〉편에서는 이러한 궁금증을 공자와 그의 제자 안회의 대화에서 설명해 보려고 하는 것이다.

안회는 그의 스승 공자에게 위나라로 가서 정치를 해보겠다고 요청한다. 위나라는 폭군이 다스리는 나라인데, 안회로서는 혼란스러운 나라일수록 자신이 도움을 많이 줄 수 있지 않을까 생각하는 것이다. 하지만 공자는 여러 가지 이유를 말하면서 결국에는 안회가 현실의 벽에 막혀 뜻을 이루지 못할 것이라 말한다.

안회는 다시 공자에게 자신이 생각하는 방법을 말해본다. 그의 방식은 다음과 같다. 너무 직접적으로 바른 말을 하면 해를 입을 것이기에 옛날의 훌륭한 사람들의 말을 인용하여 에둘러 주장하는 것이다. 하지만 역시 공자는 안회의 생각에 부정적인 반응이다. 어떠한 방법도 남을 진정으로 감동시키지는 못한다는 것이 공자의 생각이다. 이제 계속해서 공자의 이야기가 이어진다. 이야기를 따라가 보자.

2

안회가 말했다. "저는 도무지 이 이상의 방법을 모르겠으니 감히 선생님께 방법을 여쭤보겠습니다."

공자가 말했다. "우선 재계(齋)를 하거라! 구체적인 방법은 그 후에 알려주겠다. 네가 사심(私心)을 가지고 행동하는데 어찌 쉽게 되겠느냐? 만일 쉽게 될 것이라 여긴다면 결코 자연의 이치에 부합하지 않는다."

안회가 말했다. "제 집이 가난하여 술을 마시지 않고, 육식을 하지 않은 지 오래되었습니다. 이만하면 재계했다고 할 수 있지 않습니까?"

공자가 말했다. "그것은 제사 지낼 때나 하는 몸의 재계이지, 마음의 재계(心齋)가 아니다."

안회가 말했다. "마음의 재계란 대체 무엇입니까?"

공자가 말했다. "마음을 한데 집중한 채 남의 말을 귀보다는 마음으로, 마음보다는 기(氣)로 들어야 한다. 귀로 듣는다는 것은 소리만을 듣는다는 뜻이고, 마음으로 듣는다는 것은 다른 사람의 말을 자기 방식대로 이해하는 것을 말한다. 기로 듣는다는 것은 마음속에 자신의 주장을 비운 채 만물을 받아들이는 것을 말한다. 진정한 도는 오직 빈 곳에만 모일 수 있는 법이다. 고요히 마음을 비우는 것을 바로 마음의 재계라고 한다."

顏回曰:"吾無以進矣, 敢問其方." 仲尼曰:"齋, 吾將語若! 有心而爲之, 其易邪? 易之者, 皞天不宜." 顏回曰:"回之家貧, 唯不飲酒, 不茹葷者數月矣. 如此, 則可以爲齋乎?"曰:"是祭祀之齋, 非心齋也." 回曰:"敢問心齋." 仲尼曰:"若一志, 無聽之以耳, 而聽之以心, 無聽之以心, 而聽之以氣. 聽止於耳, 心止於符. 氣也者, 虛而待物者也. 唯道集虛. 虛者心齋也."

齋(재) : 제사를 지내기 전에 몸가짐을 바르게 하는 예절을 말한다. 몸을 깨끗이

씻고 음식을 가려 먹으며 부정한 일을 하지 않는 것 등이 이에 속한다.

皞(호) : 밝다. 여기에서는 '호천(皞天)'이 함께 쓰여 '자연'이라는 뜻을 나타낸다.

宜(의) : 옳다, 마땅하다

貧(빈) : 가난하다

茹(여) : 먹다

葷(훈) : 향이 강한 음식 혹은 육식을 의미한다. 여기에서는 문맥상 육식을 가리
키는 것으로 본다.

數月(수월) : 여러 달. '오랜 기간'을 의미한다.

符(부) : 맞다, 달라붙다. 자신의 주관이 확고하면 다른 사람의 어떠한 이야기를
들어도 자기 방식대로 이해하고 말 것이다. 따라서 남의 의견이 자신의
주장에 달라붙는다는 뜻에서 말한 것이다.

虛(허) : 텅 비다

안회가 말했다. "제가 마음의 재계에 대해서 알지 못했을 때는 실로
저 자신에게 얽매여 있었는데, 마음의 재계라는 도리를 듣고 난 뒤부터
는 저 자신을 비울 수 있게 되었습니다. 이 정도면 마음을 텅 비웠다고
말할 수 있겠습니까?"

공자가 말했다. "그래, 훌륭하구나. 이제 너에게 구체적인 방법을 알
려주겠다. 네가 현실 정치의 울타리 안에 들어가게 되더라도 절대 명예
를 추구해서는 안 된다. 너의 말이 사람들에게 통하면 계속하고, 그렇
지 않으면 당장 멈추도록 하여라. 융통성 없이 스스로 남들에게 벽을 쌓
지 말고, 괜히 분노의 마음을 가지지 마라. 여러 가지를 생각하지 말고
어쩔 수 없는 상황을 따라 행동한다는 원칙만 생각하면 거의 문제가 없

을 것이다. 아예 행적을 끊어버리기는 쉬워도 길을 가며 행적을 남기지 않는 것은 어려운 법이다. 인간사에 끌려 행동하면 쉽게 거짓된 일을 꾸미게 되나, 자연의 이치에 따라 행동하면 거짓을 꾸미기 어렵다. 날개를 가지고 하늘을 난다는 말은 들은 적이 있어도, 날개 없이 하늘을 난다는 말은 들은 적이 없을 것이다. 마찬가지로 지모를 가지고 지식을 얻는다는 말은 들은 적이 있어도, 지모를 사용하지 않고 지식을 얻는다는 말은 들은 적이 없을 것이다. 텅 빈 상태를 한번 떠올려 보거라. 빈방에 햇살이 비추면 신비하고 은은한 기운이 감도는 것 같지 않던가? 마음이 고요히 안정되지 않은 상태란 '몸은 앉아 있어도 마음속에서는 온갖 잡생각이 어지럽게 일어나는 상태〔坐馳〕'와 같다. 귀와 눈을 밖이 아닌 안으로 통하게 하고 마음의 의도를 떨쳐내면 신령한 기운조차 마음속에 와서 머무르게 될 텐데, 평범한 사람들이야 어떻겠느냐? 이러한 상태가 바로 만물이 조화를 이룬 상태라 할 수 있다. 옛날의 위대한 우임금, 순임금도 이를 원칙으로 삼았고 복희나 궤거와 같은 전설적인 인물들 역시 평생토록 이를 행했는데, 보통 사람들이야 두말할 것 없이 따라야 하지 않겠느냐?"

顔回曰: "回之未始得使, 實有回也. 得使之也, 未始有回也. 可謂虛乎?" 夫子曰: "盡矣. 吾語若! 若能入遊其樊, 而無感其名, 入則鳴, 不入則止. 無門無毒, 一宅而寓於不得已, 則幾矣. 絕迹易, 無行地難. 爲人使易以僞, 爲天使難以僞. 聞以有翼飛者矣, 未聞以無翼飛者也. 聞以有知知者矣, 未聞以無知知者也. 瞻彼闋者, 虛室生白, 吉祥止止. 夫且不止, 是之謂坐馳. 夫徇耳目, 內通而外於心知, 鬼神將來舍, 而況人乎!

是萬物之化也, 禹舜之所紐也, 伏羲几蘧之所行終, 而況散
焉者乎!"

盡(진) : 극진하다

樊(번) : 울타리, 범위

鳴(명) : 새가 울다, 떠들다

毒(독) : 독

絶(절) : 끊다

迹(적) : 발자취, 업적

難(난) : 어렵다

翼(익) : 날개

飛(비) : 날다

瞻(첨) : 보다

闋(결) : 비다

吉祥(길상) : 아주 귀하고 좋은 것. 행운 또는 행복

馳(치) : 말을 타고 달림, 이리저리 빠르게 내달림

徇(순) : 명령하다, 거느리다

鬼神(귀신) : 여기에서 귀신은 '신비스러운 마음의 작용'을 말한다.

伏羲(복희)·几蘧(궤거) : 둘 다 고대의 전설적인 임금

散(산) : 세속적이다. 산언자(散焉者)는 여기에서 '보통 사람들'이라고 해석된다.

해설

공자가 안회에게 본격적으로 방법을 이야기해 주고 있다. 공자, 즉 장자가
가장 중요하게 생각하는 것은 '심재'다. 심재란 마음을 비우고 자신의 주장

을 내세우지 않는 것을 말한다. 앞에서 안회가 '자신의 주장을 어떻게 하면 다른 사람에게 전달할 수 있을지'를 말했기 때문에 공자는 그 점을 지적하는 것이다. 마음을 비우고 남의 말을 받아들이면 남과 의견이 충돌하고 다툴 일이 없다. 그러다가 정말로 중요한 원리에 대해서만 분위기를 살펴 말하면 될 일이다. 하지만 이것이 아무것도 생각하지 말라는 말은 아니다.

우리는 사람들과 관계를 맺을 때, 지나치게 다른 사람들의 말을 들으려고 하지 않는다. 일단 남의 말을 듣는 것부터 소통이 시작된다. 모든 사람이 남의 말에 귀 기울여 듣는다면 얼마든지 건전한 토론을 거쳐 합의가 가능해지는 것이다.

● 심재(心齋) : 제사를 지낼 때, 몸을 깨끗이 만드는 것을 빗대서 마음을 깨끗이 해야 한다는 의미로 사용한 말이다. 장자가 보기에 평범한 인간들의 주장은 절대적으로 옳은 것이 아니라 그저 자신에게만 옳은 것이다. 모든 사람이 제각기 자신의 말이 옳다고 생각하고 떠든다면 그 속에서 평화가 가능할 것인가? 항상 의견이 충돌하고 다툼이 일어나게 될 것이다. 따라서 그러한 편견과 집착을 버려야 한다는 뜻에서 '심재'라는 말을 사용하였다.

3

섭공 자고가 제나라에 사신으로 떠나게 되어 공자에게 의견을 물었다.

"임금께서 제게 사신이라는 중대한 임무를 내리셨습니다. 그런데 듣자 하니 제나라에서는 사신을 대접할 때 겉으로만 정중하게 할 뿐, 실제로는 심드렁하게 대한다고 합니다. 보통 사람의 마음도 움직이기가 쉽지 않은데, 제후의 마음을 움직이는 것은 어떻겠습니까! 정말로 걱정이 됩니다.

　선생이 예전에 이렇게 말씀해 주신 적이 있었지요. '일이 작든 크든 도리를 따르지 않고서 제대로 성취하는 경우는 드물다. 만일 일이 이루어지지 않으면 형벌을 받게 될 것이고, 일이 잘 이루어진다면 격동하는 마음으로 음양의 기운이 조화를 잃어 병을 얻게 될 것이다. 일이 이루어지건 이루어지지 않건 아무런 화도 입지 않는 것은 오직 덕이 있는 자만이 가능할 것이다'라고요. 그런데 지금 제 상황이 딱 이렇습니다.

　저는 평소 좋은 음식을 바라지 않고 간소하게 식사를 합니다. 밥을 지어도 불을 적게 사용하니 더워하는 사람이 없을 정도입니다. 그런데 오늘 아침에 왕명을 받고 나서는 저녁까지 계속 냉수를 들이켜고 있습니다. 마음이 초조하여 열이 나기 때문이지요. 아직 제대로 일을 처리하지도 못했는데 이미 음양의 기운이 격동하여 병이 생겨버린 것 같습니다. 그런데 만약 일도 잘 마치지 못하게 되면 필시 벌을 받게 될 테니, 선생이 말씀하신 두 가지 문제가 다 발생하고 말 것입니다. 이래서야 신하의 임무를 제대로 수행할 수가 없을 듯합니다. 그러니 부디 제게 가르침을 좀 주십시오!"

　葉公子高將使於齊, 問於仲尼曰: "王使諸梁也甚重, 齊之待使者, 蓋將甚敬而不急. 匹夫猶未可動, 而況諸侯乎! 吾甚慄之. 子常語諸梁也, 曰: '凡事若小若大, 寡不道以歡成. 事若不成, 則必有人道之患. 事若成, 則必有陰陽之患. 若成若不成而後無患者, 唯有德者能之.' 吾食也執粗而不臧, 爨無欲清之人. 今吾朝受命而夕飮冰, 我其內熱與! 吾未至乎事之情, 而旣有陰陽之患矣. 事若不成, 必有人道之患. 是兩也, 爲人臣者不足以任之, 子其有以語我來!"

葉公子高(섭공자고) : 섭(葉) 지방의 장관인 자고(子高)라는 인물. 실제의 인물이
　　　지만 이는 가상의 이야기일 뿐 이름만 빌려온 것이다.

使(사) : 사신으로 가다

梁(양) : 나라 이름

齊(제) : 나라 이름

不急(불급) : 급하게 여기지 않다. 협상 과정에서 적극적으로 나서지 않는다는
　　　뜻이다.

慄(률) : 두려워하다

寡(과) : 적다

歡(환) : 기뻐하다

患(환) : 걱정거리, 문제

人道之患(인도지환) : 형벌을 가리킴

陰陽之患(음양지환) : 옛날 사람들은 우리 신체가 음기와 양기의 조화로 이루어
　　　져 있다고 생각했다. 음기와 양기의 조화가 깨지면 건강에 문제가 생긴
　　　다. 따라서 건강상 문제를 가리키는 것이다.

粗(조) : 거칠다. 맛없는 음식을 가리킨다.

臧(장) : 좋다

爨(찬) : 밥 짓다

冰(빙) : 얼음

공자가 말했다. "천하에는 큰 계율이 두 가지가 있습니다. 그 하나는

(자연의) 천명[命]이고, 다른 하나는 (인간의) 도의[義]입니다. 자식이 어버이를 사랑하는 것은 천명에 해당합니다. 항상 마음속에 두고 생각해야 합니다. 신하가 임금을 섬기는 것은 도의에 해당합니다. 어디에도 임금이 없는 곳이 없으니 역시 벗어날 수 없습니다. 이러한 천명과 도의의 원칙을 바로 큰 계율이라고 말합니다.

이에 따라 어버이를 모시는 사람들이 처지나 상황에 상관하지 않고 어버이를 편안하게 모실 수 있다면 지극한 효도라고 할 수 있겠습니다. 한편 임금을 섬기는 사람들이 일을 가리지 않고 임금을 편하게 모실 수 있다면 지극한 충성이라 할 수 있습니다. 한편 자기 마음을 잘 다스리는 이들은 해야 할 일 앞에서 기쁨이나 슬픔의 감정에 흔들리지 않으며, 어찌할 수 없는 상황을 이해하고 이를 편안히 받아들이고 따릅니다. 이는 덕이 지극한 것이라 할 수 있습니다.

신하에게는 하기 싫어도 어쩔 수 없이 해야 하는 일이 있습니다. 자기 자신을 잊고 오직 일의 사정에 따라 움직인다면 삶을 바라고 죽음을 두려워하는 생각이 어디 있을 수 있겠습니까? 선생께서는 이렇게만 하면 될 것입니다.

仲尼曰: "天下有大戒二, 其一命也. 其一義也. 子之愛親, 命也, 不可解於心. 臣之事君, 義也, 無適而非君也, 無所逃於天地之間. 是之謂大戒. 是以夫事其親者, 不擇地而安之, 孝之至也. 夫事其君者, 不擇事而安之, 忠之盛也. 自事其心者, 哀樂不易施乎前, 知其不可奈何而安之若命, 德之至也. 爲人臣子者, 固有所不得已, 行事之情而忘其身, 何暇至於悅生而惡死! 夫子其行可矣.

戒(계) : 계율, 원칙

命(명) : 명령, 의무

義(의) : 정의, 도리

逃(도) : 피하다, 도망가다

親(친) : 가깝다. 나와 가장 가까운 사람은 부모이므로 부모를 뜻하기도 한다.

擇(택) : 가리다, 선택하다

奈何(내하) : 어찌

제가 들은 바를 다시 한 번 말씀드리겠습니다. 외교의 원칙은 다음과 같습니다. 가까운 나라끼리는 반드시 신뢰를 보여주어 관계를 맺어야 하고, 먼 나라끼리는 반드시 말로써 진실함을 보여주어야 합니다. 말이란 반드시 누군가를 통해 전달될 수밖에 없습니다. 그런데 양쪽 나라의 관계가 좋은 상황이건 나쁜 상황이건 말을 제대로 전하는 것은 정말 어렵습니다. 관계가 좋은 경우에는 분명 아름답게 꾸며대는 말이 넘쳐날 것이고, 관계가 나쁜 경우에는 상대방을 비난하는 말이 넘쳐날 테니까요.

이처럼 넘쳐난다는 것은 그 말이 진실함을 잃었다는 뜻과 같습니다. 말이 진실함을 잃으면 신뢰가 떨어질 것이고, 신뢰가 떨어지면 사신만 화를 당하게 될 것입니다. 따라서 옛말에 이르기를 '진실만을 전하고 넘치는 말을 전하지 않는다면 적어도 안전할 수는 있다'라고 하였습니다.

丘請復以所聞: 凡交近則必相靡以信, 遠則必忠之以言, 言必或傳之. 夫傳兩喜兩怒之言, 天下之難者也. 夫兩喜必多溢美之言, 兩怒必多溢惡之言. 凡溢之類妄, 妄則其信之也莫, 莫

則傳言者殃. 故法言曰: '傳其常情, 無傳其溢言, 則幾乎全.'

交(교) : 교류하다. 나라 간에 외교를 행하는 것을 말한다.

靡(미) : 쓰러지다. 여기에서는 서로 가까워지는 것을 뜻한다.

忠(충) : 정성스럽다. 진심을 보이는 것을 말한다.

傳(전) : 전하다

溢(일) : 넘치다

妄(망) : 거짓되다

幾(기) : 거의

서로 기교를 다투는 사람들은 처음에는 정정당당하지만, 끝에 가서는 항상 음모를 꾸미게 되고, 더욱 심해지면 나중에는 온갖 괴상한 술수를 부리게 됩니다. 예의를 갖추어 술을 마시는 사람들도 처음에는 법도에 맞게 행동하지만, 끝에 가서는 항상 흐트러진 모습을 보이게 되며, 더욱 심해지면 온갖 이상한 난동을 피우게 됩니다.

모든 일이 다 그러합니다. 처음에는 진실로 시작하지만, 나중에는 항상 거짓으로 끝나기 마련입니다. 시작할 때는 간단했던 일이 끝날 무렵에 이르면 반드시 거창해집니다. 말이란 것은 바람이나 물결과 같으니, 말이 전해질 때는 반드시 더해지고 빠지는 것이 있습니다. 바람이나 물결은 쉽게 요동치기 마련이니, 더해지고 빠지는 것이 생겨나 쉽게 위험에 빠질 수 있습니다. 따라서 분노가 생겨나는 것은 다른 이유가 아니라 바로 교묘하고 치우친 말 때문입니다.

짐승이 죽는 순간에는 닥치는 대로 아무 소리나 지르며 숨을 가쁘게 몰아쉬는데, 그 순간에는 사람을 공격하려는 포악한 마음이 생겨납니다. 인간의 경우도 마찬가지일 것입니다. 누군가를 심하게 질책하며 몰아세우면 듣는 사람은 반항심이 생기며 보복할 마음을 갖게 되지만, 정작 본인은 그것을 알아차리지 못합니다. 그 낌새조차 알아차리지 못하는데, 후에 무슨 일이 일어날지 누가 알 수 있겠습니까?

따라서 옛날 격언에서 말하기를 '임금이 내린 사명을 함부로 바꾸지 말고, 억지로 일을 성공시키려고 하지 말라. 과도하게 하면 정도를 넘게 된다'라고 했습니다. 임금의 명령을 자기 멋대로 바꾸고 성공하기 위해 무리를 하게 되면 일이 위태로워집니다. 일을 잘 이루어내는 데는 오랜 시간이 걸리지만, 일이 망가지는 것은 한순간입니다. 그런데 어찌 조심하지 않을 수 있겠습니까?

그러니 일의 흐름과 변화를 따라 마음을 자유롭게 두고, 항상 부득이한 상황에 맞추어 일을 처리하면서 중립적인 마음을 유지하는 것이 최선입니다. 왜 더 좋은 결과를 보고하고자 억지로 애를 쓰십니까? 명령을 그대로 전하는 것보다 좋은 것은 없습니다. 이것이 그렇게 어렵습니까?"

且以巧鬪力者, 始乎陽, 常卒乎陰, 泰至則多奇巧. 以禮飮酒者, 始乎治, 常卒乎亂, 泰至則多奇樂. 凡事亦然. 始乎諒, 常卒乎鄙. 其作始也簡, 其將畢也必巨. 言者, 風波也. 行者, 實喪也. 風波易以動, 實喪易以危. 故忿設無由, 巧言偏辭. 獸死不擇音, 氣息茀然, 於是並生心厲. 剋核大至, 則必有不肖之心應之, 而不知其然也. 苟爲不知其然也, 孰知其所終! 故法言曰: '無遷令, 無勸成.' 過度益也. 遷令勸成殆事, 美成在久, 惡成不及改, 可不愼與! 且夫乘物以遊心, 託不得已以養中,至矣. 何作爲報也! 莫若爲致命. 此其難者?"

巧(교) : 기교

鬪力(투력) : 힘을 겨루다

卒(졸) : 마치다, 끝이 나다

禮(예) : 예절

諒(량) : 진실

鄙(비) : 거짓

簡(간) : 간단하다

畢(필) : 마치다, 끝내다

危(위) : 위태롭다

忿(분) : 화를 내다

設(설) : 베풀다

偏辭(편사) : 치우친 말

獸(수) : 걸어 다니는 짐승

茀然(발연) : 숨이 찬 모양을 표현하는 의성어

厲(려) : 사납다

剋核(극핵) : 엄하다

遷(천) : 옮기다, 전하다

令(령) : 명령

勸(권) : 억지로 힘쓰다

愼(신) : 조심하다, 삼가다

報(보) : 알리다

해설

이번에는 사신(외교관)이 되어서 임무를 수행하는 경우에는 어떻게 행동해야 할지를 설명한다. 이 경우에도 크게 다르지 않다. 가장 중요한 원칙은 마음을 비우는 것이다. 일을 잘 이루기 위해서 억지로 무엇인가를 꾸며내거나 자신의 생각을 덧붙이면 안 된다고 말한다. 왜냐하면 그런 판단은 자신에게만 옳은 것이지 명령을 내린 임금이나 상대방 나라의 임금에게는 옳지 않을 수도 있기 때문이다. 그러니 그저 말을 그대로 전하기만 하면 된다. 그러다 상황을 잘 파악하여 일이 망가지지 않게끔 조절만 하면 될 뿐이다. 일을 잘 이루어내겠다고 집착하면 오히려 모든 일을 망치게 된다.

4

안합이 위나라 영공 태자의 스승이라는 직책을 맡게 되어 거백옥을 찾아 조언을 구했다. "어떤 사람이 하나 있는데, 그자는 성품이 천성적으로 잔혹하여 가만히 내버려두면 나라를 위태롭게 할 것이고, 그렇다고 법도로 훈계하려 들면 저 자신이 위태로워집니다. 남의 잘못을 알아낼 지혜는 있으나, 자신의 잘못을 알지는 못합니다. 만약 이러한 사람이 있다면 저는 그자를 어떻게 대해야 합니까?"

거백옥이 말했다. "질문 잘하셨습니다. 정말 조심하고 신중하게 행동하셔야 합니다. 우선 겉으로는 그를 따르는 것 말고는 달리 방법이 없습니다. 하지만 마음속으로는 그를 감화시키도록 해야겠지요. 하지만 이렇게 하더라도 문제가 있습니다. 겉으로는 따르되 그에게 빠져들어 똑같이 되지 않도록 하고, 그를 감화시키려고 하되 그 의도를 드러내지 않도록 해야 합니다. 겉으로 따르다 진심으로 그에게 빠져들면 거꾸로 뒤

집힌 꼴이니 파멸에 이르게 됩니다. 마음으로 그를 감화시키려고 하다가 그 속마음이 드러나 버리면 명성을 얻고자 하는 행동으로 여길 것이니 역시 화를 초래하게 됩니다.

상대방이 아무것도 모르는 어린아이처럼 행동하면 우선 임시로 그와 같이 어린아이처럼 행동하고, 상대방이 아무런 분별없이 행동하면 우선 임시로 그를 따라 분별없이 행동하며, 상대방이 아무것에도 구속받지 않는 듯이 행동하면 우선 임시로 그를 따라 아무것에도 구속받지 않는 듯이 행동하십시오. 이렇게 서로 뜻을 통해가다가 그를 올바른 길로 조금씩 인도하면 될 것입니다."

顏闔將傅衛靈公太子, 而問於蘧伯玉曰:"有人於此, 其德天殺. 與之爲無方, 則危吾國. 與之爲有方, 則危吾身. 其知適足以知人之過, 而不知其所以過. 若然者, 吾奈之何?" 蘧伯玉曰:"善哉問乎! 戒之, 慎之, 正汝身也哉! 形莫若就, 心莫若和. 雖然, 之二者有患. 就不欲入, 和不欲出. 形就而入, 且爲顚爲滅, 爲崩爲蹶. 心和而出, 且爲聲爲名, 爲妖爲孽. 彼且爲嬰兒, 亦與之爲嬰兒. 彼且爲無町畦, 亦與之爲無町畦, 彼且爲無崖, 亦與之爲無崖. 達之, 入於無疵."

顏闔(안합) : 노나라의 인물

傅(부) : 스승, 사부, 보좌하다

衛靈公太子(위영공태자) : 위나라 영공의 태자

蘧伯玉(거백옥) : 위나라의 대부. 인품이 뛰어나고 현명한 인물로 전해진다.

殺(살) : 잔혹하다

顚(전) : 뒤집히다

滅(멸) : 파멸하다

崩(붕) : 무너지다

蹶(궐) : 넘어지다

妖(요) : 재앙

孼(얼) : 재앙

嬰兒(영아) : 어린아이

無町畦(무정휴) : 정휴(町畦)는 경계를 뜻한다. 경계가 없으므로 무절제하다는
　　　　뜻으로 해석된다.

無崖(무애) : 애(崖)는 가장자리, 끝을 뜻한다. 끝이 없으므로 터무니없다는 뜻으
　　　　로 해석된다.

疵(자) : 허물, 결점

　　계속해서 거백옥이 말했다. "사마귀를 아십니까? 사마귀는 수레를
보면 적인 줄 알고 앞발을 휘둘러 수레에 맞서는데 자신이 그것을 감당
해 내지 못한다는 것은 모릅니다. 자신의 재능이 뛰어나다고 생각하기
때문입니다. 부디 경계하고 조심하십시오. 자신의 능력을 자랑하면서
그를 거스르게 되면 위험에 빠지고 말 것입니다.

　　호랑이를 사육하는 자에 관한 이야기를 들어본 적이 없습니까? 호랑
이에게는 살아 있는 먹이를 던져주지 않는다고 합니다. 살아 있는 동물
을 잡아먹으면서 혹여나 호랑이의 본능이 깨어날 수도 있기 때문입니
다. 또한, 호랑이에게는 먹이를 통째로 던져주지 않는다고 합니다. 호랑
이가 먹이를 찢어먹을 때도 본능이 깨어날 수 있기 때문입니다. 호랑이

를 사육하는 사람은 호랑이의 배고픔과 배부름을 잘 판단하여 때에 따라 음식을 줍니다. 본능을 조절하기 위해서입니다. 호랑이와 사람이 비록 종류가 다르지만 사정은 같습니다. 호랑이가 사육자를 잘 따르는 것은 사육자가 호랑이의 본성을 잘 판단하여 따르기 때문입니다. 반면 호랑이가 사육자를 죽이는 것은 사육자가 호랑이의 본성을 잘 판단하지 못하여 그를 거슬렀기 때문입니다.

말[馬]을 사랑하는 사람은 네모난 광주리에 말의 똥을 담고 진귀한 조개껍데기에 말의 오줌을 담습니다. 그런데 어쩌다가 모기나 등에가 달라붙어 있다고 말 등을 치게 되면 말은 놀라서 재갈을 떼어내고 고삐를 뜯어버립니다. 말을 사랑하는 마음은 지극한데도 말의 사랑을 잃어버리고 말았으니, 어찌 조심하지 않을 수 있겠습니까!"

"汝不知夫螳螂乎? 怒其臂以當車轍, 不知其不勝任也, 是其才之美者也. 戒之, 愼之! 積伐而美者以犯之, 幾矣. 汝不知夫養虎者乎? 不敢以生物與之, 爲其殺之之怒也. 不敢以全物與之, 爲其決之之怒也. 時其飢飽, 達其怒心. 虎之與人異類而媚養己者, 順也. 故其殺者, 逆也. 夫愛馬者, 以筐盛矢, 以蜄盛溺. 適有蚊虻僕緣, 而拊之不時, 則缺銜毀首碎胸. 意有所至而愛有所亡, 可不愼邪!"

螳螂(당랑) : 사마귀

臂(비) : 팔, 사마귀의 날카로운 앞발을 가리킨다.

積(적) : 많다

伐(벌) : 자랑하다

虎(호) : 호랑이. 양호자(養虎者)는 호랑이를 사육하는 사람을 가리킨다.

飢(기) : 배고프다

飽(포) : 배부르다

媚(미) : 사랑하다, 따르다

逆(역) : 거스르다

筐(광) : 광주리, 상자

盛(성) : 담다

矢(시) : 똥

蜄(신) : 큰 조개

溺(뇨) : 오줌

蚉(문) : 모기

虻(망) : 등에

僕(복) : 붙다

緣(연) : 이유

拊(부) : 치다

不時(불시) : 갑자기

缺(결) : 뜯다, 훼손하다

銜(함) : 재갈

毀(훼) : 훼손하다, 파괴하다

碎(쇄) : 부수다

해설

계속해서 구체적인 사례에 따라 올바른 행동이 무엇인지 이야기를 하고
있다. 만일 성격이 잔혹한 사람을 가르치고 보좌해야 하는 역할을 맡았을

경우에는 어떻게 행동해야 할지를 설명한다. 여기에서도 잊지 말아야 할 점은 상대방의 성질을 잘 파악하는 것이다. 상대방의 성질을 거스르게 되면 분명히 문제가 생긴다. 그것은 본래 타고난 것이라서 바꿀 수 없기 때문이다. 본래 타고난 성질은 인간이 만든 것이 아니고 하늘이 인간에게 부여한 것이므로 그것을 따르는 일은 매우 중요하다.

예를 들어 우리가 다른 사람을 사귀거나 가르치게 되었을 때, 자신의 생각대로 상대방이 따르기를 강요하면 문제가 생긴다. 상대방과 맞지 않는 것을 억지로 강요하면 상대방에게서 미움을 살 수도 있고 상대방에게 안 좋은 영향을 미칠 수도 있기 때문이다. 따라서 도를 따른다는 것은 타고난 그대로 성질을 따른다는 말로 이해할 수 있다. 인간의 욕심으로 애완동물을 속박하는 것이 잘못된 것처럼, 다른 사람들을 대할 때에도 자신의 처지와 욕심만을 생각해서는 안 될 것이다.

5

장석이 제나라로 가다가 곡원이라는 지역에 이르러 토지신을 모신 사당에 심겨 있던 상수리나무 한 그루를 보았다. 크기가 얼마나 컸던지 그 그늘로 수천 마리 소 떼를 뒤덮을 수 있었고, 둘레는 무려 백 아름이나 되었다. 높이는 산을 내려다볼 수 있을 정도로 높아서, 열 길을 올라간 이후에 가지가 나 있을 정도였다. 심지어 나뭇가지로만 배를 만들어도 수십 척을 만들 수 있었다. 나무를 구경하는 사람들이 문전성시를 이루고 있었으나 장석은 나무를 거들떠보지도 않고 계속 길만 걸었다.

그의 제자들이 실컷 나무를 구경하고 나서 장석에게 급히 달려와 말했다. "스승님, 제가 도끼질을 처음 시작하여 스승님을 따라다닌 이래로 저만큼 아름다운 재목은 아직 본 적이 없습니다. 그런데 어째서 스승님께서는 거들떠보지도 않으시고 계속 길만 가십니까?"

장석이 말했다. "됐다. 그 나무에 대해서는 더 말하지 말아라. 쓸모없는 나무다. 배를 만들면 곧 가라앉고 관을 짜면 금세 썩어버리고 각종 도구를 만들면 금방 부러져버리고 문을 만들면 진액이 흘러나오고 기둥을 만들면 좀이 생긴다. 이러한 나무는 재목으로 쓸 만한 나무가 아니다. 쓸모가 없으니 사람들이 베어가지 않아서 이토록 오래 살 수 있었던 것 아니겠느냐?"

匠石之齊, 至於曲轅, 見櫟社樹. 其大蔽數千牛, 絜之百圍, 其高臨山, 十仞而後有枝, 其可以爲舟者旁十數. 觀者如市, 匠伯不顧, 遂行不輟. 弟子厭觀之, 走及匠石, 曰:"自吾執斧斤以隨夫子, 未嘗見材如此其美也. 先生不肯視, 行不輟, 何邪?"曰:"已矣, 勿言之矣! 散木也, 以爲舟則沈, 以爲棺槨則速腐, 以爲器則速毁, 以爲門戶則液樠, 以爲柱則蠹. 是不材之木也, 無所可用, 故能若是之壽."

匠石(장석) : 장(匠)은 목수를 뜻하는 말, 석(石)은 그의 이름

曲轅(곡원) : 길 이름. 길이 구불구불하여 생긴 이름이라고 추측한다.

社樹(사수) : 사당에 심어놓은 나무. 사당에서는 보통 사당을 지키는 나무를 심는다.

蔽(폐) : 가리다, 덮다

圍(위) : 둘레를 어림잡아 재는 단위. 두 팔로 감싼 정도를 말한다.

仞(인) : 길이의 단위. 7~8자(210~240센티미터)다.

匠伯(장백) : 장석을 가리킨다. 백(伯)은 우두머리라는 뜻이다.

厭(염) : 질리다

斧斤(부근) : 도끼

輟(철) : 멈추다

散(산) : 쓸모없다

棺槨(관곽) : 관

速(속) : 빨리

腐(부) : 썩다

毀(훼) : 망가지다

液(액) : 진액

樠(만) : 흘러나오다

柱(주) : 기둥

蠹(두) : 좀먹다

　

장석이 집에 돌아온 후 꿈에서 이 상수리나무를 만나게 되었다. 나무는 장석에게 이렇게 말했다. "너는 어디다 나를 비교하려 드느냐? 나를 쓸모 있는 나무에다 비교하려 하느냐? 아가위, 배, 귤, 유자와 같은 나무는 열매가 익자마자 사람들이 이를 따가는데, 그 과정에서 큰 가지는 꺾이고 작은 가지는 뽑히니 나무가 곧 상하고 만다. 자신의 재능이 오히려 자신의 삶을 괴롭힌 꼴이니, 결국 그로 인해 천수를 다 누리지 못하고 도중에 죽어버리고 만다. 이는 사람들의 공격을 자초한 것이라 할 수 있다. 세상 모든 일이 이와 같지 않은 것이 없다.

그래서 나는 오래전부터 나 자신이 쓸모없기를 바랐다. 어쩌다 베어나갈 뻔한 적도 있었지만 겨우 살아남아 오늘에 이를 수 있었다. 이 쓸모없음이 오히려 더 큰 쓸모가 된 것이 아닌가? 만일 내가 쓸모 있는 나무였다면 이처럼 크게 자랄 수 있었겠는가? 너와 나 모두 만물의 하나인데 어찌 이러한 '쓸모'를 가지고 만물을 비교하려 하는가? 게다가 너는 곧 죽어 없어질 평범한 인간에 지나지 않는데, 어찌 내가 쓸모없음을 추구한 것에 대해 이해하겠는가?"

장석이 잠에서 깨어나 제자에게 꿈에 관해 이야기했다. 그 말을 듣더니 제자가 물었다. "스스로 쓸모없기를 바랐다고 했는데, 사당을 지키는 나무가 된 것은 어째서입니까?"

장석이 말했다. "쉿! 너는 아무 말을 하지 마라. 사당의 수호나무가 된 것도 그저 사당 옆에 나 있는 것일 뿐이지 원해서 된 것은 아니다. 이를 이해하지 못하는 사람들이나 함부로 그것을 헐뜯는다. 사당의 수호나무가 아니었다면 어떻게 베이지 않고 오랫동안 살아남았을 수 있었겠는가? 저 상수리나무가 자신을 보호하는 방식이 보통과는 다른데 세속의 도리로 판단한다면 어찌하느냐?"

匠石歸, 櫟社見夢曰: "女將惡乎比予哉? 若將比予於文木邪? 夫柤梨橘柚, 果蓏之屬, 實熟則剝, 剝則辱, 大枝折, 小枝泄. 此以其能苦其生者也, 故不終其天年而中道夭, 自掊擊於世俗者也. 物莫不若是. 且予求無所可用久矣, 幾死, 乃今得之, 爲予大用. 使予也而有用, 且得有此大也邪? 且也若與予也皆物也, 奈何哉其相物也? 而幾死之散人, 又惡知散木!" 匠石覺而診其夢. 弟子曰: "趣取無用, 則爲社何邪?" 曰: "密! 若無言! 彼亦直寄焉, 以爲不知己者詬厲也. 不爲社者, 且幾有翦乎! 且也彼其所保與眾異, 而以義喩之, 不亦遠乎!"

櫟(력) : 상수리나무

柤(사) : 아가위

梨(리) : 배

橘(귤) : 귤

柚(유) : 유자

果(과) : 과일

蓏(라) : 열매

屬(속) : 부류

剝(박) : 깎다, 다치다

辱(욕) : 더럽혀지다

折(절) : 꺾다

泄(예) : 흩어지다

掊擊(부격) : 공격받다

覺(교) : 잠에서 깨다

診(진) : 알리다, 고하다

密(밀) : 비밀로 하다, 삼가다

詬(후) : 망신을 주다

厲(려) : 망치다

翦(전) : 자르다

譽(예) : 기리다

〈소요유〉편과 내용이 비슷한 이야기다. 장석은 세상의 일반적인 기준을 가지고 있는 사람을 비유하는 것이다. 우리는 무엇이 좋고, 무엇이 쓸모 있는지에 관해 매우 편협한 기준을 가지고 있다. 권력이 많고 재산이 많고 기름진 음식을 먹는 것을 좋다고 여긴다. 그렇기 때문에 사람들은 너도나도 권력을 잡고 돈을 많이 벌기 위해 사회 속에서 힘들게 살아가지 않는가? 그런 것에 연연하지 않으면 얼마든지 행복한 삶을 살 수 있다. 능력 없고 쓸모없어 보이는 사람이 오히려 행복이라는 더 큰 쓸모를 가질 수 있다는 것이다.

6

남백자기가 상구라는 지역을 여행할 때 큰 나무 한 그루를 보았는데 참으로 특별한 모습이었다. 크기가 어찌나 컸는지 말수레 천 대를 나무에 묶어도 전부 그늘에 가려 숨겨질 정도였다. 그가 말했다. "이 나무는 어떤 나무일까? 이 나무는 분명히 남다른 재목일 것 같구나!"

이렇게 말하며 나무를 올려다보았는데 작은 가지는 구불구불하여 마룻대나 대들보로 마땅하지 않고 다시 고개를 숙여 밑동의 커다란 뿌리를 보니 가운데가 갈라져서 관으로도 적합하지 않을 것 같았다. 잎은 독이 있어 씹으면 입에 상처가 났고, 나무의 냄새는 사람을 취하게 하여 사흘 동안 깰 수 없게 하였다. 남백자기가 말했다. "역시 쓸모가 없는 나무로구나. 그 때문에 이처럼 크게 자랄 수 있었던 것이로군. 아하, 옛날의 신인(神人)들 역시 이처럼 재목으로 쓰이지 않을 덕을 지니고 있었을 테지!"

송나라에 형씨라는 고장이 있었는데 개오동나무, 잣나무, 뽕나무 등이 자라기 알맞은 땅이었다. 그래서 나무가 울창했는데 그 나무 중 한두 줌 이상이 되는 것들은 원숭이를 묶을 말뚝을 구하는 사람들이 베어가고, 둘레가 서너 아름이 되면 큰 저택의 마룻대를 구하는 자들이 베어가고, 둘레가 일고여덟 아름이 되면 관을 짤 나무를 찾는 부잣집에서 베어간다. 이 때문에 천수를 다 마치지 못하고 도중에 도끼에 잘려나가게 된다. 이것이 바로 쓸모 때문에 겪게 되는 재난이다.

비슷한 예로, 제사에는 이마가 흰 소, 코가 높이 솟은 돼지, 치질 앓는 사람은 강으로 데려가서 제물로 바칠 수 없다. 무속인들은 이들을 보고 상서롭지 못하다고 여길 것이다. 하지만 신인이라면 바로 이러한 것들이야말로 가장 상서롭다고 여긴다.

南伯子綦遊乎商之丘, 見大木焉, 有異, 結駟千乘, 將隱芘其所藾. 子綦曰:"此何木也哉? 此必有異材夫!" 仰而視其細枝, 則拳曲而不可以爲棟梁. 俯而見其大根, 則軸解而不可爲棺槨. 咶其葉, 則口爛而爲傷. 嗅之, 則使人狂酲, 三日而不已. 子綦曰:"此果不材之木也, 以至於此其大也. 嗟乎神人以此不材!" 宋有荊氏者, 宜楸柏桑. 其拱把而上者, 求狙猴之杙者斬之. 三圍四圍, 求高名之麗者斬之. 七圍八圍, 貴人富商之家求樿傍者斬之. 故未終其天年, 而中道之夭於斧斤, 此材之患也. 故解之, 以牛之白顙者, 與豚之亢鼻者, 與人有痔病者, 不可以適河. 此皆巫祝以知之矣, 所以爲不祥也, 此乃神人之所以爲大祥也.

南伯子綦(남백자기) : 〈제물론〉에 나온 남곽자기와 같은 인물. 득도한 인물로 그
　　려진다.

商之丘(상지구) : 상(商)나라의 구(丘)라는 지방

結(결) : 맺다, 묶다

駟(사) : 말수레

乘(승) : 수레를 세는 단위

芘(비) : 덮다, 가리다

藾(뢰) : 덮다

仰(앙) : 우러러보다

棟梁(동량) : 대들보

俯(부) : 낮추다, 숙이다

軸(축) : 축대

棺槨(관곽) : 관

咶(시) : 맛보다, 핥다

爛(란) : 문드러지다

嗅(후) : 냄새 맡다

酲(정) : 숙취

嗟(차) : 감탄사

宋(송) : 나라 이름

荊氏(형씨) : 지역 이름

楸(추) : 개오동나무

柏(백) : 잣나무

桑(상) : 뽕나무

拱把(공파) : 한 줌

杙(익) : 말뚝

斬(참) : 베다

麗(려) : 마룻대

樿傍(전방) : 관 짝

顙(상) : 이마

亢(항) : 높다

痔病(치병) : 치질

巫(무) : 무당

神人(신인) : 지인(至人), 성인(聖人), 진인(眞人) 등과 함께 장자가 이상적 인간이

　　　라고 생각한 인물 유형. '위대한 인물들'이라는 뜻으로 이해하면 된다.

해설

앞의 구절과 거의 같은 이야기다.

7

지리소란 자는 (심한 꼽추여서) 턱이 배꼽 아래 숨어 있고, 어깨가 머리보다 높이 있었으며, 뒤로 묶은 머리는 하늘을 가리켰고, 오장이 위를 향해 거꾸로 솟아 있었고, 두 넓적다리는 갈비뼈에 닿아 있었다. 그렇지만 바느질과 세탁 일을 하여 넉넉히 밥을 먹고살 수 있었고, 쌀 고르는 일을 하면 열 식구를 충분히 먹여 살릴 수 있었다.

나라에서 병사를 징집하더라도 지리소는 잡혀갈 걱정이 없어 두 팔을 걷어붙인 채 당당히 사람들 사이를 돌아다닐 수 있었고, 큰 부역이 있어 일꾼을 징집하더라도 꼽추라는 점 때문에 일을 받지 않았다. 나라

에서 병이 있는 사람을 위해 곡식을 나누어 줄 때는 곡식 석 되와 땔나무 열 다발을 받았다.

　이처럼 형체가 남들과 다른 사람조차도 자신의 몸을 부양하기에 충분하고 그 천수를 마치는데 그 덕이 남들과 다른 자들이야 어떠하겠는가?

　支離疏者, 頤隱於臍, 肩高於頂, 會撮指天, 五管在上, 兩髀爲脅. 挫鍼治繲, 足以糊口. 鼓筴播精, 足以食十人. 上徵武士, 則支離攘臂而遊於其間. 上有大役, 則支離以有常疾不受功. 上與病者粟, 則受三鐘與十束薪. 夫支離其形者, 猶足以養其身, 終其天年, 又況支離其德者乎?

支離疏(지리소) : '형체가 온전하지 못하다'라는 뜻이며, 장자가 의도적으로 이러한 의미를 담아 지어낸 사람 이름이다.

頤(이) : 턱

隱(은) : 숨다

臍(제) : 배꼽

頂(정) : 정수리

會撮(회촬) : 모으다. 묶은 머리를 말한다.

五管(오관) : 다섯 가지 장기. 내장을 가리키는 말이다.

髀(비) : 넓적다리, 허벅지

脅(협) : 겨드랑이

挫(좌) : 묶다, 깁다

鍼(침) : 바늘

繲(해) : 헌 옷

餬(호) : 끼니를 때우다

鼓筴播精(고협파정) : 키질을 하여 쌀을 고름. 수확한 쌀을 모아 불순물을 제거
　　　　하는 일

徵(징) : 부르다, 소집하다

攘臂(양비) : 팔을 걷어붙이다

粟(속) : 곡식

鐘(종) : 옛날에 곡식을 세는 단위. 6곡(斛) 4두(斗)를 1종(鍾)이라 하였다. 여기에
　　　　서는 편의상 '되'라고 칭하였다.

束(속) : 묶음, 다발

해설

쓸모없어 보이는 것이 실제로는 더 큰 쓸모가 있음을 말해주는 사례다. 꼽
추는 세상에서 아무 쓸모없는 사람이라 취급할지도 모른다. 하지만 전쟁
에 끌려가지도 않고 노역을 하러 끌려가지도 않는다. 그 덕분에 남들보다
더 오래 살 수 있었으니 어떻게 쓸모없다고 말할 수 있을까? 이처럼 인간
이 내리는 가치 판단은 너무나도 좁고 편협한 것이다.

8

공자가 초나라에 갔을 때 초나라에서 미치광이 취급을 받던 접여라
는 자가 공자가 머무른 집 앞에 찾아와 다음과 같이 노래를 불러댔다.
"봉황이여, 봉황이여, 어찌 네 덕이 이렇게 쇠하였는가? 미래는 앞당길
수 없고, 과거는 돌릴 수가 없다. 천하에 도가 살아 있으면 성인은 업을
완수하지만, 천하에 도가 없으면 성인은 그저 몸을 숨기고 살아가야 한

다. 지금 같은 혼란한 때에는 겨우 형벌을 피한다면 다행이다. 행복이란 깃털보다 가볍지만 이를 잡아챌 방법을 알 수 없는 노릇이고, 재앙은 땅보다 무거운데도 피할 방법을 알 수 없다.

그만두어라, 그만두어라, 덕을 남 앞에 뽐내는 것을 그만두어라! 위험하구나, 위험하구나, 억지로 땅을 구분해 놓고 몰아가는 것은 위험하구나! 가시밭길이구나, 가시밭길이구나! 가는 길에 찔리지 않도록 할지어다! 울퉁불퉁하고 구불구불하구나! 발을 다치지 않도록 할지어다!"

孔子適楚, 楚狂接輿遊其門曰: "鳳兮鳳兮, 何如德之衰也! 來世不可待, 往世不可追也. 天下有道, 聖人成焉. 天下無道, 聖人生焉. 方今之時, 僅免刑焉. 福輕乎羽, 莫之知載. 禍重乎地, 莫之知避. 已乎已乎, 臨人以德! 殆乎殆乎, 畫地而趨! 迷陽迷陽, 無傷吾行! 卻曲卻曲, 無傷吾足!"

狂接輿(광접여) : 초나라 사람 접여. 미친 사람 행세를 했으므로 '광인 접여'라
　　　불렀다.

鳳(봉) : 봉황

兮(혜) : 노래나 시에 사용되는 어조사

衰(쇠) : 약해지다, 쇠퇴하다

追(추) : 좇다, 따라가다

羽(우) : 깃털

載(재) : 싣다, 담겨 있다

避(피) : 피하다

已(이) : 그치다, 그만두다

臨(림) : 대하다

德(덕) : 여기에서는 특정한 도덕 가치를 말함. 예를 들어, 유가에서 강조하는
　　　'인의예지'와 같은 것을 가리킨다. 이는 절대적으로 옳은 것이 아닌데 사
　　　람들이 옳다고 착각하기 때문에 문제가 된다.

畫地而趨(화지이추) : 땅에 금을 긋고 그 안에서 내달림. 이것이 옳다, 저것이 옳
　　　다를 정해놓고 그 안에서 생각하고 판단하는 것을 말한다.

迷陽(미양) : 가시

해설

공자는 유가를 창시한 인물로 사람들에게서 존경을 받는다. 하지만 장자
가 보기에는 공자 역시 '자기 생각을 남에게 강요'하는 사람에 불과하다.
공자는 인간이 '인의예지'라고 하는 도덕을 지키며 사는 것이 중요하다고
하였다. 이런 도덕은 모든 만물에 적용되는 것이 아닌 좁은 생각일 뿐이다.
오히려 인간의 자연스러운 성질을 방해하는 것일 수도 있다.

9

　산의 나무는 스스로 벌목을 초래하고, 기름 등불은 스스로 불타는 것
을 초래한다. 육계나무는 먹을 수 있으므로 베어지고, 옻나무는 목재로
쓸 수 있으므로 잘려나간다. 사람들은 쓸모 있는 것의 쓰임은 알아도 쓸
모없는 것의 쓰임은 모른다.

山木自寇也, 膏火自煎也. 桂可食故, 伐之. 漆可用故, 割之.
人皆知有用之用, 而莫知無用之用也.

寇(구) : 해치다

膏(고) : 기름

煎(전) : 굽다, 태우다

桂(계) : 계피

伐(벌) : 베다

漆(칠) : 옻나무

割(할) : 베다

해설

산에 있는 나무는 쓸모가 있기 때문에 베어진다. 자신의 능력 때문에 오히려 베이는 것이므로 스스로 해친다고 표현한 것이다. 사람들은 너나 할 것 없이 겉으로 드러난 쓰임새만 보고 그것을 쫓아가지만 진정으로 우리가 추구해야 할 것은 따로 있다.

제5편

덕충부 德充符

1

노나라에 형벌을 받아 한쪽 발이 잘린 왕태라는 사람이 있었는데, 그 제자가 공자의 제자만큼 많았다. 하루는 공자의 제자인 상계가 공자에게 물었다. "왕태는 형벌로 발이 잘린 자인데, 그를 따라서 배우는 자가 선생님과 함께 노나라를 양분하고 있습니다. 그는 서 있으면서도 달리 가르치지 않고, 앉아서도 함께 토론하지도 않는다고 합니다. 그런데도 제자들은 빈 마음으로 갔다가 가득 채워서 돌아온다고 하더군요. 정말로 말로 하지 않는 가르침이 있단 말입니까? 겉으로 보이지 않아도 마음속에서 감화시키는 방법이 있는 것입니까? 대체 이 사람은 어떤 사람입니까?"

공자가 답했다. "그분은 위대한 성인이다. 나 또한 남들에게 뒤처져서 아직 찾아뵙지 못했을 뿐이다. 나도 그분을 스승으로 삼고자 하는데 나보다 못한 사람이야 오죽하겠느냐? 노나라 사람뿐이겠는가. 나는 천하 모든 사람을 이끌고 그를 따르고 싶을 정도다."

상계가 말했다. "그는 형벌로 다리가 잘린 사람인데도 선생님보다 더 훌륭하다고 하니 저희 같은 보통 사람과는 역시 차원이 다르겠습니다.

대체 그런 분은 마음 씀씀이가 어떻습니까?"

공자가 말했다. "죽고 사는 것은 물론 중요한 문제다. 하지만 그분은 그것 때문에 변하는 법이 없다. 하늘이 무너지고 땅이 꺼지더라도 흔들림이 없다. 그는 어디에도 의지하지 않으므로 만물의 변화에 휩쓸리지 않고, 만물의 변화에 따르지만 도의 근본만은 변치 않고 지켜나간다."

상계가 말했다. "이 말씀은 어떤 뜻입니까?"

공자가 말했다. "서로 다른 측면에 초점을 맞추어 바라보면, 간과 쓸개도 초나라와 월나라만큼이나 다른 것으로 볼 수 있다. 서로 같은 측면에 초점을 맞추어 바라보면, 만물은 모두 하나일 수 있다. 그분은 이러한 점을 이해하고 있으므로 눈과 귀로 보고 듣는 것을 따르지 않고 마음을 조화로운 덕의 경지에 둔다. 만물의 차이점이 아닌 공통점을 바라보기 때문에 그 어떤 것도 빠뜨림 없이 포용할 수 있다. 따라서 자신의 잘린 발을 보아도 그저 한 줌의 흙이 빠져나간 것처럼 여길 것이다."

魯有兀者王駘, 從之遊者, 與仲尼相若. 常季問於仲尼曰:"王駘, 兀者也, 從之遊者, 與夫子中分魯. 立不教, 坐不議, 虛而往, 實而歸. 固有不言之教, 無形而心成者邪? 是何人也?"仲尼曰:"夫子, 聖人也. 丘也直後而未往耳. 丘將以爲師, 而況不如丘者乎! 奚假魯國! 丘將引天下而與從之."常季曰:"彼兀者也, 而王先生, 其與庸亦遠矣. 若然者, 其用心也獨若之何?"仲尼曰:"死生亦大矣, 而不得與之變, 雖天地覆墜, 亦將不與之遺. 審乎無假而不與物遷, 命物之化而守其宗也."常季曰:"何謂也?"仲尼曰:"自其異者視之, 肝膽楚越也. 自其同者視之, 萬物皆一也. 夫若然者, 且不知耳目之所宜而游心於德之和, 物視其所一, 而不見其所喪, 視喪其足猶遺土也."

兀(올) : 발뒤꿈치를 베는 형벌

王駘(왕태) : 노나라 사람 이름

常季(상계) : 공자의 제자

假(가) : 빌리다. '무가(無假)'란 어디에도 의지하지 않는다는 말이다.

庸(용) : 평범한 사람

覆(복) : 엎어지다, 넘어지다

墜(추) : 떨어지다

審(심) : 처하다

宗(종) : 핵심, 근본

肝膽(간담) : 간과 쓸개. 서로 가까운 사이를 가리킨다.

楚越(초월) : 초나라와 월나라. 서로 멀리 떨어져 있어 아무 관련이 없음을 가리
킨다.

상계가 말했다. "그렇다면 왕태란 분이 자신을 수양하는 방식은 자기 지혜로서 자기 마음을 깨닫고, 다시 그 마음으로 모든 것에 공통으로 통하는 항상된 마음(常心)을 얻는 것이라 할 수 있겠군요. 그런데 어째서 사람들이 그에게로 와서 그를 따르고자 하는 것입니까?"

공자가 말했다. "사람들은 멈추어 있는 물을 거울로 삼지 흐르는 물을 거울로 삼을 수 없다. 오직 멈추어 있는 것만이 멈추어 있고자 하는 것을 멈추게 할 수 있는 법이다. 땅으로부터 목숨을 받은 것 중에는 오직 소나무와 잣나무만이 올바름을 얻어 겨울과 여름 내내 푸르름을 유

지할 수 있고, 하늘로부터 목숨을 받은 것 중에는 오직 요임금과 순임금만이 올바름을 얻어 자신의 삶을 바로 세워서 다른 사람들의 삶도 바로잡을 수 있었다. 근원적인 이치를 마음속에 보존해 두면 그에 따른 징험이 있을 것이니, 세상 모든 일을 두려워하지 않게 된다.

　용감한 무사는 홀로 적의 대군 속으로 돌진하기도 한다. 명성을 떨치고자 하는 사람도 이처럼 용감하게 행동하는데, 천지를 관장하고 만물을 품에 담으며 육체를 잠시 머무는 거처로만 여기고 눈과 귀의 감각을 일시적인 현상으로 여기며 모든 것을 하나로 파악하는 근원적인 지혜를 갖추어 마음속에 생사라는 구분조차 서 있지 않은 자라면 어떻겠는가? 그는 분명 좋은 날을 택해 세속을 등지고 아득히 높은 경지로 올라갈 것이다. 사람들은 바로 이러한 점을 따르고자 하는 것이다. 설마 그가 제자를 모으고자 달리 어떤 일을 하겠느냐?"

常季曰: "彼爲己, 以其知得其心, 以其心得其常心, 物何爲最之哉?" 仲尼曰: "人莫鑑於流水, 而鑑於止水, 唯止能止衆止. 受命於地, 唯松柏獨也正, 在冬夏靑靑. 受命於天, 唯堯舜獨也正, 在萬物之首. 幸能正生, 而正衆生. 夫保始之徵, 不懼之實. 勇士一人, 雄入於九軍. 將求名而能自要者, 而猶若此, 而況官天地, 府萬物, 直寓六骸, 象耳目, 一知之所知, 而心未嘗死者乎! 彼且擇日而登假, 人則從是也. 彼且何肯以物爲事乎!"

爲己(위기) : 자신을 위하다. 남에게 잘 보이고자 한 것이 아니라 자신을 위해
　　행동한다는 뜻이다.
常心(상심) : 깨달음을 얻어 변하지 않는 마음

鑑(감) : 비추어 보다

松柏(송백) : 소나무와 잣나무. 단풍이 들지 않는 상록수를 가리킨다.

徵(징) : 징험. 근원적인 이치를 마음속에 담고 있으면 그것을 통해 어떤 변화에
도 미리 대응할 수 있다.

九軍(구군) : 대군을 말함

해설

〈덕충부〉편에서는 도를 깨달은 사람의 성품이 어떤지를 설명한다. 이는 우리가 어떤 마음가짐을 가져야 하는지를 말하는 것이기도 하다.

왕태는 발이 잘려 몸이 성하지 않지만 그 마음만은 많은 사람의 존경을 받을 만큼 훌륭하다. 이 사람의 가장 큰 특징은 사물의 차이점을 보는 것이 아니라 공통점을 보려고 한다는 것이다. 예를 들어, 우리는 삶과 죽음이 완전히 다른 것이라고 생각한다. 그래서 삶을 원하고 죽음을 피하고자 한다. 하지만 왕태는 이 둘이 다르지 않다고 생각한다. 왜냐하면 삶이든 죽음이든 인간이 타고난 운명이므로 어떻게 할 수 없는 것이기 때문이다. 왕태는 세상 사물을 구분해서 바라보지 않는다. 구분하지 않아야 모든 것을 포용할 수 있는 법이다.

2

신도가는 형벌을 받아 발이 잘린 사람인데, 정나라 사람 자산과 함께 백혼무인을 스승으로 섬기고 있었다. 그런데 발이 없는 신도가와 함께 다니는 것이 싫었던 자산은 신도가에게 이렇게 이야기했다.

"만일 내가 먼저 나가면 자네는 따라 나오지 말고 남아 있게. 자네가

먼저 나가면 내가 남아 있을 테니 말일세."

그다음 날 둘은 다시 한방에서 함께 자리하게 되었다. 이번에도 자산이 신도가에게 이렇게 말했다.

"내가 어제 한 사람씩 따로 나가자고 말했지. 지금 내가 나가려고 하는데 자네는 남아 있어 주겠나? 한 가지 더 물어보겠네만, 자네는 나 같은 고위 대신을 보아도 자리를 피하지 않는데, 혹시 스스로 고위 대신과 동등하다고 생각하는 건가?"

이에 신도가가 말했다. "같은 스승님 밑에 있으면서도 대신이니 뭐니 하는 것을 구별하는 것인가? 자네는 고위 대신이라는 지위를 뽐내며 남을 업신여기고 있네. 내가 듣기로 '거울이 밝은 것은 먼지가 앉지 않아서인데, 먼지가 앉으면 그 거울은 밝게 비출 수 없다'고 했네. 오랫동안 현인과 함께 머무르면 부족한 점이 없어져야 하는 법인데 자네는 큰 도를 배우겠다고 훌륭한 스승님을 모시고 있으면서도 이런 말을 하다니, 아직 한참 부족한 것 같군!"

申徒嘉, 兀者也, 而與鄭子産同師於伯昏無人. 子産謂申徒嘉曰: "我先出則子止. 子先出則我止." 其明日, 又與合堂同席而坐. 子産謂申徒嘉曰: "我先出則子止. 子先出則我止. 今我將出, 子可以止乎, 其未邪? 且子見執政而不違, 子齊執政乎?" 申徒嘉曰: "先生之門, 固有執政焉如此哉? 子而悅子之執政而後人者也! 聞之曰: '鑑明則塵垢不止, 止則不明也.' 久與賢人處則無過. 今子之所取大者, 先生也, 而猶出言若是, 不亦過乎!"

申徒嘉(신도가) : 사람 이름. 가상의 인물이다.

鄭(정) : 나라 이름

子産(자산) : 정나라의 고위 관리. 뛰어난 정치가라고 알려져 있다. 여기에서는
　　　　　이름만 빌린 것이다.

伯昏無人(백혼무인) : 사람 이름. 역시 가상의 인물이다.

執政(집정) : 나랏일을 하는 관리를 말함. 여기에서는 자산을 가리킨다. 권력을
　　　　　지닌 사람을 보면 물러나는 것이 일반적인 예절인데 왜 자신을 보고도
　　　　　물러나지 않는가 하고 물은 것이다.

違(위) : 피하다

鑑(감) : 거울

塵垢(진구) : 먼지와 때

過(과) : 허물, 결점

　　자산이 말했다. "자네는 벌을 받아 발이 잘린 주제에 요임금처럼 선
을 운운하는구나. 자신의 덕을 가만히 생각해 본다면 스스로 반성을 해
야 하지 않겠나?"

　　신도가가 말했다. "스스로 자신의 잘못을 변명하면서 발이 잘린 것을
억울하게 생각하는 사람은 많지만, 스스로 반성할 줄 알아서 발이 잘리
는 것이 마땅하다고 생각하는 사람은 적을 것이네. 일이 어쩔 수 없음을
깨닫고 편안하게 운명을 따르는 것은 정말로 덕이 있는 사람만이 할 수
있다네. 옛날 활 잘 쏘기로 유명한 예의 사정거리 안에서 돌아다니는 상
황을 생각해 보세. 한가운데에 있다면 분명히 화살이 적중하는 위치 아
니겠나? 그런데도 맞지 않는다면 그건 운명이라 할 수 있지.

사람 중에는 온전한 발을 가지고 있다고 내 온전하지 못한 발을 비웃는 이들이 있네만, 옛날에는 그런 말을 들으면 발끈했지만, 스승님의 문하에 들어온 이후로는 금세 모든 것을 잊어버리고 평상시 마음을 되찾는다네. 스승님께서 선으로 나를 교화해 주신 것은 아닐까 모르겠네. 내가 스승님께 배운 지 19년이 되었는데 스승님은 아직도 내가 발이 잘린 것을 알아차리지 못하셨지. 자네와 나는 내면에서 덕으로 서로 교류하고자 모였거늘 자네는 여전히 내 외형만 보고 판단을 하니 잘못된 것 아닌가?"

자산이 깜짝 놀라며 얼굴색을 바꾸고 조심스럽게 말했다. "부끄러우니 이제 그만해 주시게."

子産曰:"子旣若是矣, 猶與堯爭善, 計子之德, 不足以自反邪?"申徒嘉曰:"自狀其過, 以不當亡者眾, 不狀其過, 以不當存者寡. 知不可奈何, 而安之若命, 唯有德者能之. 遊於羿之彀中, 中央者, 中地也, 然而不中者, 命也. 人以其全足笑吾不全足者多矣. 我怫然而怒, 而適先生之所, 則廢然而反. 不知先生之洗我以善邪! 吾與夫子遊十九年矣, 而未嘗知吾兀者也. 今子與我遊於形骸之內, 而子索我於形骸之外, 不亦過乎!"子產蹴然改容更貌曰:"子無乃稱!"

既(기) : 이미, 원래

計(계) : 세다, 헤아려보다

當(당) : 마땅하다

狀(상) : 꾸미다

羿(예) : 활을 잘 쏘는 것으로 유명한 사람의 이름

怫然(비연) : 발끈 화를 내는 모습을 표현하는 의태어

廢然(폐연) : 모든 것을 잊고 침착해지는 모습을 표현하는 의태어

形骸(형해) : 육체

蹴然(축연) : 깜짝 놀라는 모습을 표현하는 의태어

해설

자산은 높은 관직에 있는 사람으로서 권력을 가진 사람이다. 그는 함께 공부하던 신도가를 있는 그대로 대하지 않고 차별한다. 신도가가 장애가 있고, 권력이 없는 평민이라는 점에서 자신보다 못한 인간이라고 생각하는 것이다. 장자는 이러한 차별적인 생각을 계속 비판하고 있다. 세상을 차별적으로 바라보기 때문에 온갖 갈등과 다툼이 생긴다고 보기 때문이다.

현대 사회에서도 이런 문제는 여전히 빈번하게 발생하고 있다. 민족, 인종, 성별이 다르다고 서로 차별하고 증오하는 경우가 있다. 우리는 인간이라는 점에서 모두 같다. 차이점이 아니라 공통점을 생각하는 자세가 필요하다.

3

노나라에 벌을 받아 발가락이 잘린 숙산무지라는 사람이 있었다. 한번은 발뒤꿈치로 길을 걸어 공자를 보러 왔다. 공자가 말했다. "당신은 행동을 조심하지 않아 예전에 죄를 짓고 이 모양이 되었잖소. 이제야 내게 찾아와 배운들 무슨 소용이 있겠소?"

무지가 말했다. "저는 어떤 일에 힘써야 하는지를 몰라 함부로 몸을 굴리다가 발을 잃고 말았습니다. 그래도 아직 발보다 더 중요한 것이 있

다고 생각하여 이렇게 찾아오게 되었습니다. 비록 발은 없지만, 더 중요한 것을 온전하게 보존하고 싶습니다. 하늘은 모든 것을 덮어주고, 땅은 모든 것을 떠받친다고 했습니다. 저는 선생님을 하늘과 땅처럼 위대한 분이라고 생각했는데, 선생님이 이렇게 생각하실 줄은 몰랐습니다!"

공자가 말했다. "내가 생각이 짧았네. 자, 얼른 들어와서 들은 바를 말씀해 보시게."

이야기를 마치고 무지가 떠나자, 공자가 제자들에게 말했다. "너희도 열심히 하거라! 무지는 벌을 받아 발가락이 잘렸는데도 부단히 배워서 지난날의 실수를 되돌리려고 하지 않느냐? 신체가 온전한 너희는 더욱 열심히 해야지 않겠느냐?"

공자를 만나고 온 무지가 이번에는 노담을 찾아가 말했다. "공구라는 자는 지인(至人)이 되기에는 아직 한참 멀었더군요. 그 사람은 어째서 자신을 학문하는 자라고 칭하는 것입니까? 그는 거짓된 명성을 바라는 모양이던데, 정작 지인은 명성을 하나의 굴레로 여긴다는 사실은 모르더군요."

노담이 말했다. "죽음과 삶은 실은 하나의 줄기이고, 옳고 그름이란 실은 서로 통하는 것임을 깨닫게 해주어 그가 굴레에서 벗어나도록 해주지 그랬는가? 그것은 가능하지 않겠나?"

무지가 대답했다. "이는 하늘이 그에게 내린 형벌입니다. 어떻게 벗어날 수 있겠습니까?"

魯有兀者叔山無趾, 踵見仲尼. 仲尼曰: "子不謹前, 既犯患若是矣. 雖今來, 何及矣?" 無趾曰: "吾唯不知務而輕用吾身, 吾是以亡足. 今吾來也, 猶有尊足者存焉, 吾是以務全之也. 夫天無不覆, 地無不載, 吾以夫子爲天地焉, 安知夫子之猶若是也!" 孔子曰: "丘則陋矣. 夫子胡不入乎? 請講以所聞!" 無趾出. 孔子曰: "弟子勉之! 夫無趾, 兀者也, 猶務學以復補前行之惡, 而況全德之人乎!" 無趾語老聃曰: "孔丘之於至人, 其未邪! 彼何賓賓以學子爲? 彼且蘄以諔詭幻怪之名聞, 不知至人之以是爲己桎梏邪?" 老聃曰: "胡不直使彼以死生爲一條, 以可不可爲一貫者, 解其桎梏, 其可乎?" 無趾曰: "天刑之, 安可解?"

叔山無趾(숙산무지) : 무지(無趾)는 발가락이 없다는 뜻이다. 장자가 의미를 담아 지어낸 허구의 인물이다.

踵(종) : 행동이 불편한 모양을 표현하는 말

謹(근) : 삼가다, 조심하다

犯(범) : 저지르다

覆(부) : 뒤덮다

丘(구) : 공자의 이름. 자신을 언급할 때는 자기 이름을 사용하여 말한다.

陋(루) : 볼품없다, 못나다

講(강) : 가르치다

賓賓(빈빈) : 빈번하게, 자주

蘄(기) : 바라다

諔詭幻怪(숙궤환괴) : 아주 기이하고 괴상함

桎梏(질곡) : 차꼬와 수갑. 죄수를 묶어두던 도구를 말한다. 여기에서는 인간을 속박하는 것을 의미한다.

해설

비슷한 내용이 계속 이어지고 있다. 여기에서 재미있는 것은 공자를 아직 덕이 부족한 사람으로 본다는 점이다. 원래 공자는 덕이 매우 높은 성인으로 취급받는다. 하지만 장자는 공자의 가르침이 세상을 차별적으로 바라보는 방식에서 벗어나지 못한다고 생각했기 때문에, 그것을 비꼬기 위해 공자를 인용하여 이야기하는 것이다.

4

노나라 애공이 공자에게 말했다. "위나라에 애태타라고 하는 용모가 아주 추한 자가 있다. 그런데 애태타 주위에서 함께 어울리는 사내들은 그를 흠모하면서 도무지 곁을 떠나려고 하지 않는다. 여자들은 또 어떤가. 그를 본 여자들은 부모에게 달려가 '다른 사람의 부인이 되느니 애태타의 첩이 되겠습니다'라고 말하는데, 이러한 아녀자만 십수 명이 넘는다고 한다.

애태타의 사람됨은 다음과 같다. 그는 한 번도 자기 의견을 내세운 적이 없고 항상 남의 의견을 받아들이고자 한다. 임금의 자리에서 백성들을 죽음에서 구해주는 것도 아니고, 재산이 많아서 사람들의 배를 채워주는 것도 아니며, 용모는 온 세상 사람들을 놀라게 할 정도로 추하다. 그저 남의 말을 듣고 그에 호응하기만 할 뿐 특별히 자신의 주장을 내세우지 않고, 지식이라고 해봤자 남들에 비해 대단한 수준도 아니다. 그런데도 그 많은 사람이 그 사람에게 모여드는 데에는 분명 이유가 있지 않겠는가?

전에 과인이 직접 그를 불러 어떤지 살펴본 적이 있다. 과연 세상을 놀라게 할 정도로 추한 모습을 하고 있더군. 하지만 함께 머무른 한 달도 채 못 되어 나는 그의 진가를 알게 되었고, 일 년도 채 지나지 않아 나는 그를 깊이 신뢰하게 되었다. 마침 나라에 재상이 없어 그에게 정사를 맡기고자 하였는데, 그는 무덤덤한 태도로 마지못해 대답은 했지만, 기뻐하는 내색이 없이 사양하고 싶은 모습이었다. 나는 그 모습에 스스로 부족함을 느끼면서 끝내 그에게 정사를 맡겼는데, 아니나 다를까 얼마 지나지 않아 떠나버리고 말았다. 그가 떠난 후에 나는 마음이 허전하고 즐거움을 함께 누릴 사람이 없다는 생각에 울적하기가 그지없다. 대체 그는 어떤 자란 말인가?"

공자가 말했다. "제가 예전에 초나라에 사신으로 간 적이 있습니다. 그때 우연히 새끼돼지들이 죽은 어미돼지의 젖을 빨고 있는 모습을 보았습니다. 젖을 열심히 빨더니 얼마 안 가서 모두 놀라 도망가 버리고 말았습니다. 어미돼지가 자신들을 봐주지 않고 평소 모습과는 너무나도 다른 모습을 하고 있었기 때문일 것입니다. 새끼돼지가 어미돼지를 사랑하는 것은 단지 겉모습 때문이 아니라 겉모습을 다스리는 내면 때문이 아니겠습니까?

전사한 자를 묻을 때는 관을 쓰지 않으니 관을 장식하는 도구 또한 필요하지 않습니다. 발이 잘린 사람은 신발을 신지 않으니 신발을 아끼지 않을 것입니다. 모두 그 근원이 되는 바를 잃어버렸기 때문입니다. 천자의 후궁이 된 사람들은 손톱을 깎지 않고 귀를 뚫지 않으며, 새로 아내를 맞이한 사람에게는 집에서 쉬게 하고 일을 시키지 않습니다. 육체를 온전히 보전하기 위해서만 해도 이렇게 신경을 쓰는데, 육체와 정신이 모두 온전히 갖추어진 사람의 경우는 어떻겠습니까?

애태타를 보십시오. 그는 아무 말도 하지 않아도 신뢰를 얻고, 업적이 없는데도 군주가 그를 총애하여 나라를 맡아주었으면 하고 바라며, 심지어는 맡아주지 않으면 어쩔까를 걱정할 정도입니다. 아마도 온전한 자질을 갖추었으나 덕이 겉으로 드러나지 않는 자인 듯합니다."

애공이 물었다. "온전한 자질을 갖추었다는 말은 무엇인가?"

공자가 대답했다. "죽음과 삶, 생존과 멸망, 실패와 성공, 빈곤함과 부유함, 현명함과 어리석음, 비방과 명예, 배고픔과 목마름, 추위와 더위 같은 것들은 모두 사물의 변화와 운명의 흐름을 가리키는 말입니다. 이러한 일들은 밤낮으로 번갈아 일어나기 때문에 인간의 짧은 지식으로는 그것을 다 헤아릴 수 없습니다. 그러므로 이러한 것들을 생각해서 마음의 평안을 어지럽혀서는 안 되며, 이러한 생각이 마음속으로 들어오지 않도록 해야 합니다. 이렇게 마음을 안정시키고 넓게 트이도록 하여 본연의 즐거움을 잃지 않으며, 밤낮으로 끝없이 변화하는 만물을 편안히 따라 조화로움을 유지할 수 있다면, 마음이 외물과 접촉하면서 그에 따라 자연스럽게 변화해 나갈 수 있습니다. 이러한 경지를 두고 온전한 자질을 갖추었다고 합니다."

애공이 다시 물었다. "그렇다면 덕이 겉으로 드러나지 않는다는 말은 무엇인가?"

공자가 답했다. "우리가 평온하다고 말할 때, 수면이 고요히 멈춘 상태를 떠올릴 수 있습니다. 우리는 바로 이러한 상태를 하나의 법도로 삼을 수 있을 것입니다. 내면을 지극히 고요한 상태로 유지할 수 있다면 외면의 모습 또한 흔들림이 없습니다. 덕이라고 하는 것은 이처럼 조화가 이루어진 수양된 상태를 말합니다. 덕이 겉으로 드러나지 않는 자는 만물이 그를 떠나려고 하지 않습니다."

하루는 애공이 공자의 제자 민자건을 불러 이러한 이야기를 들려주었다. "처음에 나는 임금의 자리에 올라 백성들의 기강을 바로잡고 그들의 죽음을 걱정하였다. 그때는 스스로 지극한 경지에 이르렀다고 생각하였다. 그런데 지금 지인(至人)에 관한 이야기를 듣고 나니, 나는 실제로 한 것이 없고 그저 경거망동하여 나라를 위험에 빠뜨린 것이 아닌가 하는 생각이 든다. 나와 공구의 사이는 임금과 신하가 아니라 서로 덕을 쌓는 데 도움을 주는 벗이라 할 수 있다."

魯哀公問於仲尼曰: "衛有惡人焉, 曰哀駘它. 丈夫與之處者, 思而不能去也. 婦人見之, 請於父母曰 '與爲人妻, 寧爲夫子妾' 者, 十數而未止也. 未嘗有聞其唱者也, 常和人而矣. 無君人之位以濟乎人之死, 無聚祿以望人之腹. 又以惡駭天下, 和而不唱, 知不出乎四域, 且而雌雄合乎前. 是必有異乎人者也. 寡人召而觀之, 果以惡駭天下. 與寡人處, 不至以月數, 而寡人有意乎其爲人也. 不至乎期年, 而寡人信之. 國無宰, 寡人傳國焉. 悶然而後應, 氾然而若辭. 寡人醜乎卒授之國. 無幾何也, 去寡人而行, 寡人卹焉若有亡也, 若無與樂是國也. 是何人者也?" 仲尼曰: "丘也嘗使於楚矣, 適見㹠子食於其死母者, 少焉眴若皆棄之而走. 不見己焉爾, 不得類焉爾. 所愛其母者, 非愛其形也, 愛使其形者也. 戰而死者, 其人之葬也不以翣資, 刖者之屨, 無爲愛之, 皆無其本矣. 爲天子之諸御, 不爪翦, 不穿耳. 取妻者止於外, 不得復使. 形全猶足以爲爾, 而況全德之人乎! 今哀駘它未言而信, 無功而親, 使人授己國, 唯恐其不受也, 是必才全而德不形者也." 哀公曰: "何謂才全?" 仲尼曰: "死生存亡, 窮達貧富, 賢與不肖, 毀譽, 饑渴寒暑, 是事之變, 命之行也. 日夜相代乎前, 而知不能規乎其始者也. 故不足以滑和, 不可入於靈府. 使之和豫通而不失於兌, 使日夜無郤而與物爲春, 是接而生時於心者也. 是之謂才全." "何謂德不形?" 曰: "平者, 水停之盛也. 其可以爲法也, 內保之而外不蕩也. 德者, 成和之修也. 德不形者, 物不能離也." 哀公異日以告閔子曰: "始也吾以南面而君天下, 執民之紀而憂其死, 吾自以爲至通矣. 今吾聞至人之言, 恐吾無其實, 輕用吾身而亡其國. 吾與孔丘非君臣也, 德友而已矣."

哀公(애공) : 노나라의 임금

惡人(악인) : 추한 사람

哀駘它(애태타) : 사람 이름. 꼽추라는 뜻이 있다.

丈夫(장부) : 사내

妻(처) : 아내

寧(녕) : 어찌

妾(첩) : 첩, 후실

濟(제) : 구제하다

聚(취) : 모으다, 저축하다

祿(록) : 봉급

腹(복) : 배

唱(창) : 앞장서서 주장하다

四域(사역) : 사방의 경계. 나라 안을 가리킨다.

雌雄(자웅) : 남녀

寡人(과인) : 임금이 자신을 가리킬 때 사용하는 말

宰(재) : 재상

悶然(민연) : 표정이 어두운 모습을 표현하는 의태어

氾(범) : 넓다

辭(사) : 사양하다, 거절하다

醜(추) : 못생기다, 부끄러워하다

卒(졸) : 갑자기

卹(술) : 가엾게 여기다

豚子(돈자) : 새끼돼지

眗若(현약) : 깜짝 놀라는 모습을 표현하는 의태어

棄(기) : 버리다

爾(이) : ~ 뿐

葬(장) : 장례를 지내다, 장례식

翣資(삽자) : 관을 꾸미는 장식

刖(월) : 발꿈치를 베는 형벌

屨(구) : 신발

御(어) : 거느리다, 다스리다

爪翦(조전) : 손톱을 자르다

穿耳(천이) : 귀를 뚫다

不肖(불초) : 어리석다

毀譽(훼예) : 치욕과 명예

饑渴(기갈) : 굶주림과 목마름

靈府(영부) : 인간의 마음

兌(열) : 즐거워하다

郤(극) : 틈

水停之盛(수정지성) : 물이 지극히 평평하고 고요함

蕩(탕) : 흔들리다, 움직이다

紀(기) : 뼈대, 기강

해설

애태타라는 사람의 이야기가 나온다. 애태타는 겉모습만 보면 아름답지
않고 추한 사람인데도 많은 사람이 그를 좋아하고 따른다. 중요한 것은 겉
모습이 아니기 때문이다. 애태타는 자신의 주장을 내세우지 않고 남의 의
견을 들어준다고 하였다. 누구의 의견도 다 받아들일 수 있는 넓은 마음을
지녔기 때문에 그와 함께 있으면 항상 즐거울 수밖에 없다. 이런 사람은 사
람들이 추구하는 가치에 연연하지 않는다. 그렇기 때문에 어떠한 일들도
다 받아들일 수 있는 것이다. 애태타를 보면서 우리의 모습은 어떤지 반성
해 보자.

5

절름발이에다 꼽추에다 언청이인 어떤 사람이 있었는데, 하루는 위
나라 영공을 찾아 자신의 사상을 펼치며 유세를 하였다. 영공은 그를 매
우 마음에 들어 하여 그를 만난 후에는 꼽추가 아닌 사람들을 보고는
(꼽추의 목이 짧은 것이 아니라) 오히려 이들의 목이 지나치게 긴 것이 아
닌가 하고 생각하게 되었다. 또한 목에 큰 혹이 달린 어떤 사람이 제나
라 환공을 찾아 유세를 하였는데, 환공 역시 그를 좋아하였으니, 그 이
후로 목에 혹이 없는 사람들을 보고는 (목에 혹이 달린 자의 목이 굵은 것이
아니라) 오히려 이들의 목이 지나치게 가는 것이 아닌가 하고 생각하게

되었다. 따라서 내면의 덕이 훌륭하면 외형 따위는 잊힌다. 하지만 세상 사람들은 잊어야 할 외모는 잊지 않고 내면의 덕만을 잊는다.

이러한 상황을 두고 '진정한 것을 잊어버렸다'라고 말한다. 따라서 성 인은 아무것에도 얽매이지 않고 마음을 자유롭게 한다. 꾀를 쓰는 것을 재앙과 같이 여기며, 인간 사회의 맹약을 아교로 억지로 붙인 것과 다름 없이 보며, 세상의 도덕을 가식으로 여기고, 온갖 기교를 상인들이 남을 속이는 행위로 치부한다.

성인은 남을 해칠 음모를 생각하지 않는데 왜 꾀가 필요하겠는가? 만 물을 구분하지 않는데 왜 아교가 필요하겠는가? 타고난 천성을 잃지 않 는데 왜 가식적인 도덕이 필요하겠는가? 이익을 꾀하지 않는데 왜 남을 속이는 기술이 필요하겠는가? 이 네 가지 경우는 자연적으로 길러져야 하지 억지로 만들어 내서는 안 되는 것이다. 자연적으로 타고났는데 억 지로 만들어 낸 것이 필요하겠는가?

성인은 인간의 형체를 지니고 있기는 하지만, 보통 사람들과 같은 치 우친 감정을 지니고 있지는 않다. 인간의 형체를 하고 있으므로 사람들 과 어울려 함께 살아가지만, 치우친 감정이 없으므로 시비 판단을 하지 않는다. 사람들과 한 무리를 이루고 있으니 보잘것없이 보이지만, 성인 이란 얼마나 위대한가! 그는 홀로 자연과 하나를 이루고 있나니!

闉跂支離無脤說衛靈公, 靈公說之, 而視全人, 其脰肩肩. 甕 盎大癭說齊桓公, 桓公說之, 而視全人, 其脰肩肩. 故德有所 長而形有所忘, 人不忘其所忘, 而忘其所不忘, 此謂誠忘. 故 聖人有所遊, 而知爲蘖, 約爲膠, 德爲接, 工爲商. 聖人不謀, 惡用知? 不斲, 惡用膠? 無喪, 惡用德? 不貨, 惡用商? 四者,天鬻也. 天鬻者, 天食也. 旣受食於天, 又惡用人? 有人之形, 無人之情. 有人之形, 故群於人. 無人之情, 故是非不得於身. 眇乎小哉! 所以屬於人也. 謷乎大哉! 獨成其天.

闉跂支離無脤(인기지리무신) : 사람 이름. 절름발이, 꼽추, 언청이라는 뜻이 있다. 신체가 온전하지 못한 사람을 가상으로 만들어 낸 것이다.

靈公(영공) : 위나라 임금

脰(두) : 목

肩肩(흔흔) : 약하고 부실한 모습

甕盎大癭(옹앙대영) : 사람 이름. 큰 혹이 붙어 있다는 뜻이다.

桓公(환공) : 제나라 임금

誠(성) : 진실로

孼(얼) : 재앙

膠(교) : 아교, 접착제

接(접) : 불필요한 가식

商(상) : 장사 기술

謀(모) : 음모를 꾸미다

斲(착) : 깎다, 쪼개다

鬻(육) : 기르다

眇(묘) : 작다

謷(오) : 크다

해설

인간이 잊어버려야 하는 것이 있다. '구별 짓는 생각'이다. 죽음과 삶, 너와

나, 옳은 것과 그른 것, 이런 것을 구별해서 생각하는 습관은 버려야 한다. 하지만 사람들은 이와 같이 버려야 할 것은 버리지 않고 겉으로 드러나는 모습만을 따진다. 남보다 조금 잘생기고 똑똑한 것은 중요한 것이 아니다. 타고난 모습 그대로를 인정하는 자세가 훨씬 더 훌륭한 것이다.

6

혜자가 장자에게 말했다. "사람은 본래 감정이 없는 걸까?"

장자가 말했다. "그렇지."

혜자가 말했다. "사람인데 감정이 없으면 그게 사람이겠는가?"

장자가 말했다. "도(道)가 그의 모습을 만들어 주고, 하늘이 육체를 만들어 주었는데 어찌 사람이 아니라고 하겠나?"

혜자가 말했다. "하지만 이미 사람인 이상 반드시 감정이 있을 텐데 왜 감정이 없다고 하는가?"

장자가 말했다. "내가 말하는 감정이란 자네가 생각하는 그런 감정이 아니네. 내가 감정이 없다고 말한 것은 좋아하고 싫어하는 것을 구분해서 자신의 타고난 본성을 해치지 않는 것을 말하네. 항상 본래의 성질을 따를 뿐, 다른 무엇인가를 더하고자 하지 않는 것을 말하는 것일세!"

혜자가 말했다. "더하고자 노력하지 않으면 어떻게 자신의 몸을 보존할 수 있겠나?"

장자가 말했다. "도(道)가 모습을 만들어 주고, 하늘이 육체를 만들어 주었다면 좋아하고 싫어하는 것을 구분하면서 타고난 본성을 해치는 짓을 하지 말아야 할 텐데, 자네는 정신이 밖을 향해 정력을 낭비하고 그저 겉으로만 나무에 기대서서 노래를 부르거나 탁자에 기대어 쉬

제5편 덕충부 德充符 · 169

고 있지 않은가? 하늘이 자네의 육체를 잘 만들어 주었네만, 견백론과 같은 궤변만 늘어놓으니 어쩌면 좋겠나?"

惠子謂莊子曰: "人故無情乎?" 莊子曰: "然." 惠子曰: "人而無情, 何以謂之人?" 莊子曰: "道與之貌, 天與之形, 惡得不謂之人?" 惠子曰: "既謂之人, 惡得無情?" 莊子曰: "是非吾所謂情也. 吾所謂無情者, 言人之不以好惡內傷其身, 常因自然而不益生也." 惠子曰: "不益生, 何以有其身?" 莊子曰: "道與之貌, 天與之形, 無以好惡內傷其身. 今子外乎子之神, 勞乎子之精, 倚樹而吟, 據槁梧而瞑. 天選子之形, 子以堅白鳴!"

情(정) : 감정

貌(모) : 모습. 여기에서는 '인간'이라고 하는 성질을 가리킨다.

形(형) : 외형. 육체를 가리킨다.

益(익) : 더하다

神(신) : 정신

勞(로) : 수고롭게 하다

精(정) : 에너지

吟(음) : 신음 소리를 내다, 고통스러워하다

槁梧(고오) : 마른 오동나무

瞑(명) : 자다

選(선) : 가리다, 선택하다

해설

좋은 것과 나쁜 것, 옳은 것과 옳지 않은 것, 아름다운 것과 추한 것 등 사물을 구분해서 생각하는 태도가 잘못되었다는 것을 살펴보았다. 그런데 한 가지 궁금한 점이 생긴다. 인간이라면 누구나 좋아하는 것과 싫어하는 것을 생각하기 마련이다. 아름다운 것을 보면 좋아하고 기뻐하며 추한 것을 보면 싫어하는 것은 너무나 자연스러운 인간의 감정이지 않은가? 그렇다면 장자는 이러한 인간의 감정이 잘못되었다고 말하는 것일까?

중요한 사실은 장자가 기쁨, 슬픔, 분노, 두려움과 같은 감정 자체가 나쁘다고 하지는 않았다는 점이다. 장자는 사물을 구분해서 생각하는 것이 나쁘다고 여겼다. 사물을 구분 지어 다르게 보면 내가 좋아하는 것과 싫어하는 것이 나뉘게 되고, 좋아하는 것을 보면 기뻐하고 싫어하는 것을 보면 짜증이 나게 되기 때문이다. 장자는 이처럼 좁은 생각에서 나오는 감정만을 비판하였다. 모든 사물을 다 같은 것으로 여기면 기뻐할 일도 없고 슬퍼할 일도 없다. 정말로 행복해지지 않을까?

제6편

대종사 大宗師

1

하늘이 하는 일과 인간이 하는 일을 이해하는 것은 일의 이치를 통찰하는 가장 지극한 경지다. 하늘이 운행하는 이치를 이해하는 것은 자연에 의해 가능한 것이고, 인간의 행위를 이해하는 것은 지식을 통해 아는 것이다. 인간의 지식으로 알 수 없는 바에 순응하여 중도에 요절하지 않고 자신이 타고난 수명을 다 누리는 것이 지식을 통해 가능한 가장 최선의 일이다.

그런데 여기에는 문제가 있다. 지식이란 어떠한 기준이 있을 때 비로소 옳고 그름을 판단할 수 있다. 그런데 그 기준은 특별히 정해져 있지 않다. 자연에 속하는 것이 인위가 아님을 내가 어떻게 알 수 있겠는가? 반대로 인위에 속하는 것이 자연이 아님을 내가 어떻게 알 수 있겠는가? 따라서 오직 진인(眞人)만이 참된 지식을 가질 수 있다.

知天之所爲, 知人之所爲者, 至矣. 知天之所爲者, 天而生也.
知人之所爲者, 以其知之所知, 以養其知之所不知, 終其天年
而不中道夭者, 是知之盛也. 雖然, 有患. 夫知有所待而後當,

其所待者特未定也. 庸詎知吾所謂天之非人乎? 所謂人之非
天乎? 且有眞人而後有眞知.

終(종) : 끝내, 마침내

特(특) : 특별히

眞人(진인) : 장자가 생각하는 위대한 인물상

진인이란 무엇을 말하는가? 옛날의 진인은 다음과 같았다. 부족하더
라도 결과를 뒤집으려고 하지 않고 성공하더라도 자랑하지 않으며 일
을 억지로 꾀하지 않았다. 이러한 사람은 일의 시기를 놓쳐도 후회하지
않고, 일의 시기에 잘 올라타도 자만하지 않았다. 이러한 사람은 높은
곳에 올라가도 떨지 않으며 물에 들어가도 젖지 않으며 불에 들어가도
뜨거워하지 않는다. 지혜가 도와 하나 되는 경지에 이른 사람만이 이렇
게 할 수 있다.

何謂眞人? 古之眞人, 不逆寡, 不雄成, 不謨士. 若然者, 過而
弗悔, 當而不自得也. 若然者, 登高不慄, 入水不濡, 入火不
熱. 是知之能登假於道也若此.

雄(웅) : 자랑하다

謨(모) : 계획하다, 꾀하다

士(일) : 세속적인 일

弗(불) : 아니

悔(회) : 후회하다

慄(률) : 두려워하다

濡(유) : 젖다

熱(열) : 뜨거워하다

登假(등격) : 올라가다

옛날의 진인은 잠을 잘 때 꿈을 꾸지 않고, 깨어나서도 근심 걱정이 없다. 굳이 맛좋은 음식을 바라지 않고 항상 호흡을 차분하게 유지하였다. 진인은 저 발끝 아래에서부터 기를 끌어올려 호흡을 하지만 보통 사람들은 목구멍으로 숨을 쉬니, 남에게 굴복당하면 마치 목이 막힌 듯이 말을 삼킨다. 이는 욕망이 깊은 자들로서 천성이 본래 보잘것없는 자들이다.

古之眞人, 其寢不夢, 其覺無憂, 其食不甘, 其息深深. 眞人之息以踵, 衆人之息以喉. 屈服者, 其嗌言若哇. 其耆欲深者, 其天機淺.

寢(침) : 잠자다

覺(교) : 잠에서 깨다

甘(감) : 맛있는 음식을 찾다

深深(심심) : 깊고 고요하다

踵(종) : 발뒤꿈치

喉(후) : 목

嗌(익) : 목구멍

哇(왜) : 토하다

耆欲(기욕) : 욕망

天機(천기) : 타고난 성질

淺(천) : 얄팍하다

옛날의 진인은 삶을 좋아하거나 죽음을 싫어할 줄 몰랐으므로 태어난 것에 기뻐하지도 않았고, 죽는 것을 거부하지도 않았다. 그저 덤덤하게 살아가다가 덤덤하게 죽을 뿐이었다. 자신이 어디서 왔는지를 잊고 죽어서 어디로 가는지를 따지지 않았으니, 그저 주어진 대로 만족했고 죽어서는 다시 원래대로 돌아갈 뿐이었다. 이러한 태도를 가리켜 욕심으로 도를 훼손하지 않고, 인위적인 노력으로 타고난 것을 망치지 않는다고 말한다. 이러한 사람이 바로 진인이다.

이러한 사람은 마음속에 모든 것을 잊어버렸으며 용모는 정숙하고 표정은 너그러워 가을날처럼 냉철하기도 하고 봄날처럼 온화하기도 하였다. 기뻐하고 성내는 감정이 사계절이 흘러가듯 자연스러웠고 어떤 사물과도 조화를 이룰 수 있었으니, 그 누구도 그 정신의 깊이를 헤아릴 수 없었다. 도를 깨우친 사람들은 이러하였으므로 성인은 설령 군대를 일으켜 다른 나라를 멸망시킨다고 하더라도 사람들의 원망을 사지 않았고, 좋은 정치를 펼쳐 온 백성에게 은혜를 베푸는 경우라고 하더라도 특별히 사람을 차별해서 대하지는 않았다.

따라서 외물을 좋아하는 자는 성인이라 할 수 없고, 남을 차별해서 대하는 자는 인자(仁者)라 할 수 없고, 자연의 시간을 인위적으로 구분

하는 자는 현자(賢者)라 할 수 없고, 이익과 손해가 상통한다는 이치를
모르는 자는 군자라 할 수 없고, 명성을 좇으며 자신의 본성을 잃어버리
는 자는 선비라 할 수 없고, 자신의 몸을 망가뜨리며 타고난 것을 지켜
가지 않는 자는 남을 다스릴 수 없는 자다. 저 유명한 호불해, 무광, 백
이, 숙제, 기자, 서여, 기타, 신도적 같은 사람들은 남을 위해 일하고 남
의 기분을 맞췄던 사람들이지 자신의 천성에 따라 살았던 사람들이 아
니다.

古之眞人, 不知說生, 不知惡死. 其出不訢, 其入不距. 翛然而
往, 翛然而來而已矣. 不忘其所始, 不求其所終. 受而喜之, 忘
而復之. 是之謂不以心捐道, 不以人助天. 是之謂眞人. 若然
者, 其心志, 其容寂, 其顙頯, 淒然似秋, 煖然似春, 喜怒通四
時, 與物有宜而莫知其極. 故聖人之用兵也, 亡國而不失人
心. 利澤施乎萬世, 不爲愛人. 故樂通物, 非聖人也. 有親, 非
仁也. 天時, 非賢也. 利害不通, 非君子也. 行名失己, 非士也.
亡身不眞, 非役人也. 若狐不偕, 務光, 伯夷, 叔齊, 箕子, 胥餘,
紀他, 申徒狄, 是役人之役, 適人之適, 而不自適其適者也.

翛然(소연) : 덤덤한 모습을 표현하는 의태어

捐(연) : 버리다, 없애다

助(조) : 조장하다. 억지로 돕다가 망친다는 뜻이다.

顙(상) : 이마

頯(규) : 훤히 드러나 아름다운 모습

淒然(처연) : 서늘하고 쓸쓸한 모습을 표현하는 의태어

煖然(난연) : 따뜻하고 포근한 모습을 표현하는 의태어

狐不偕(호불해)·務光(무광)·伯夷(백이)·叔齊(숙제)·箕子(기자)·胥餘(서여)·紀
他(기타)·申徒狄(신도적) : 청렴하기로 유명했던 사람들의 이름이다.

　옛날의 진인은 우뚝 솟은 모습을 하고 있으나 자만하지 않았고, 부족
한 듯 보이면서도 함부로 받아들여 메꾸지 않았다. 태도가 대쪽 같으면
서도 고집스럽지 않았고, 번잡하고 화려한 것 없이 넓고 큰 마음씨를 지
니고 있었다. 늘 싱글벙글 기쁜 듯한 태도를 보였으며, 마치 어쩔 수 없
다는 듯이 부득이한 상황에만 대응하여 행동하였다. 낯빛이 친근하여
사람들을 끌어당겼으며, 덕이 두터워 사람들이 모두 그를 따르고자 했
다. 기상은 마치 온 세상과 같이 넓었으며, 호방한 정신은 어떤 것에도
얽매이지 않았다. 굳게 닫힌 듯 침묵하기를 좋아하였으며, 멍하니 할 말
조차 잊어버린 듯한 모습을 취하곤 했다.
　(진인이 나라를 다스릴 때는 형벌을 몸통으로 하고, 예절을 보조 수단으로 삼
으며, 지식으로 올바를 때를 판단하고, 덕을 따라야 하는 도리로 여긴다. 형벌을
몸통으로 한다는 것은 관대하게 죄를 처벌하는 것을 말한다. 예절을 보조 수단으
로 삼는다는 것은 세상의 모든 사람에게 전달하기 위하여 형식을 만드는 것을 말
한다. 지식으로 올바를 때를 판단하는 것은 부득이한 상황을 따라 행동하기 위함
이다. 덕을 따라야 할 도리로 여기는 것은 사람들을 이끌고 함께 언덕을 걸어 올
라가는 것과 같다. 언덕을 오를 때 실은 자기 발로 스스로 걸어간 것일 뿐인데 함
께 가는 사람 덕분에 갈 수 있었다고 생각하는 것처럼, 진인은 일이 자연스럽게
흘러가도록 두었을 뿐인데 사람들은 진인이 모든 것을 이루었다고 생각할 것이
다.) 따라서 진인에게는 좋아하는 것도 그저 한 가지 생각일 뿐이고, 싫

어하는 것도 그저 한 가지 생각일 뿐이다. 한 가지 생각일 뿐이라고 말하는 것도 하나의 생각에 지나지 않지만, 그렇지 않다는 생각도 하나의 생각에 지나지 않는다. 그렇게 모든 것을 하나로 보는 태도로 하늘과 같은 무리를 이루고 다른 사람들과 같은 무리를 이루니, 어떤 쪽이 옳다고 굳이 싸워서 이기려 들지 않는다. 이러한 사람을 진인이라고 한다.

古之眞人, 其狀義而不朋, 若不足而不承, 與乎其觚而不堅也, 張乎其虛而不華也, 邴邴乎其似喜乎! 崔乎其不得已乎! 滀乎進我色也, 與乎止我德也, 厲乎其似世乎! 謷乎其未可制也, 連乎其似好閉也, 悗乎忘其言也. (以刑爲體, 以禮爲翼, 以知爲時, 以德爲循. 以刑爲體者, 綽乎其殺也. 以禮爲翼者, 所以行於世也. 以知爲時者, 不得已於事也. 以德爲循者, 言其與有足者至於丘也, 而人眞以爲勤行者也.) 故其好之也一, 其弗好之也一. 其一也一, 其不一也一. 其一與天爲徒. 其不一與人爲徒. 天與人不相勝也, 是之謂眞人.

承(승) : 받다, 받아들이다

觚(고) : 대쪽

堅(견) : 고집스럽다

邴邴(병병) : 기뻐하는 모습을 표현하는 의태어

崔(최) : 재촉하다

不得已(부득이) : 어쩔 수 없다

滀(축) : 발끈하다

厲(려) : 관대하다

謷(오) : 남의 말을 듣지 않다

連(련) : 거만하다

悗(문) : 잊다

綽(작) : 너그럽다

翼(익) : 날개

勤(근) : 부지런하다

以刑爲體 ～ 而人眞以爲勤行者也 : 이 구절은 〈대종사〉편의 사상과 비교적
뚜렷한 차이를 보이므로 후에 삽입된 것으로 보는 것이 옳다.

해설

〈대종사〉편의 제목 '대종사'는 '가장 위대한 스승'이라는 뜻이다. 우리 인간
이 모범으로 삼아야 할 위대한 인물의 유형을 말하는 것이다. 장자는 지인
(至人), 진인(眞人), 성인(聖人), 신인(神人)과 같은 이름으로 그들을 불렀다.
도를 깨달아 높은 경지에 오른 사람은 어떠한 성품을 가지고 있으며 이들
이 세상을 다스릴 때는 어떤 방식으로 하는지에 대해 장자는 알쏭달쏭하
지만 풍부한 비유를 들어 설명하고 있다. 사물을 차별하지 않고 대하며, 타
고난 본성을 중시한다는 가장 기본적인 원칙을 이해하면 장자가 묘사하는
구체적인 상황을 이해할 수도 있을 것이다.

2

죽고 사는 문제는 운명에 해당하는 것으로 마치 밤과 낮이 항상 일정
하게 바뀌는 것과 같은 자연적인 일이다. 이처럼 세상에는 사람이 어떻
게 할 수 없는 일들이 있다. 그것이 세상만사의 진정한 모습이다. 사람

들은 하늘을 마치 자신의 생명을 낳아준 아버지와 같은 존재로 여기면서 이를 섬기는데, 그 어떤 것에도 비할 바 없는 위대한 도(道)에 대해서는 어떻게 해야 하겠는가? 사람들은 자신의 군주조차도 대단한 존재로 여기면서 목숨을 바치는데, 그보다 더 참되고 근본적인 도에 대해서는 어떻게 해야 하겠는가?

샘물이 말라버리면 물고기들이 힘겹게 남은 물기를 뿜어내고 서로를 물거품으로 적셔주면서 어찌어찌 살아가겠지만 넓은 호수에서 물 걱정을 하지 않고 살아가는 것보다는 훨씬 못할 것이다. 요임금을 성군이라 찬양하고 걸왕을 폭군이라 비난하는 것보다는 그러한 이분법적 선악 구분을 잊고 절대적인 도와 하나가 되는 것이 훨씬 더 나을 것이다.

산골짜기 깊숙한 곳에 배를 감추고 다시 그 산을 깊은 연못 속에 숨겨둔다면 단단히 보관하고 있다고 생각할 것이다. 하지만 야밤에 어떤 장사가 이를 훔쳐 달아나 버린다면 잠자던 사람은 무슨 일이 일어났는지조차 알 수 없다. 작은 물건을 큰 장소에 보관해 두는 것이 적합하다고 생각하겠지만, 얼마든지 이를 잃어버릴 수 있다. 하지만 천하를 그대로 천하에 감추어 두면 설령 천하를 훔쳐 달아난다고 한들 어디로 가져갈 수 있겠는가? 이것이 만물의 참된 실정이다. 따라서 성인은 어떤 것도 잃어버릴 것이 없는 경지에서 노닐며, 모든 것을 주어진 그대로 받아들인다. 일찍 죽는 것도 좋다고 생각하고, 오래 사는 것도 좋다고 생각한다. 삶도 좋다고 생각하고, 죽음도 좋다고 생각한다. 이러한 것만으로도 사람들은 모두 그를 본받고자 하는데 온갖 만물의 변화를 일으키는 도에 대해서는 어떠해야 하겠는가?

死生, 命也, 其有夜旦之常, 天也. 人之有所不得與, 皆物之情也. 彼特以天爲父, 而身猶愛之, 而況其卓乎! 人特以有君爲愈乎己, 而身猶死之, 而況其眞乎! 泉涸, 魚相與處於陸, 相呴以濕, 相濡以沫, 不如相忘於江湖. 與其譽堯而非桀也, 不如兩忘而化其道. 夫大塊載我以形, 勞我以生, 佚我以老, 息我以死, 故善吾生者, 乃所以善吾死也. 夫藏舟於壑, 藏山於澤, 謂之固矣. 然而夜半有力者負之而走, 昧者不知也. 藏大小有宜, 猶有所遯. 若夫藏天下於天下而不得所遯, 是恒物之大情也. 特犯人之形而猶喜之. 若人之形者, 萬化而未始有極也, 其爲樂可勝計邪? 故聖人將遊於物之所不得遯而皆存. 善妖善老, 善始善終, 人猶效之, 又況萬物之所係, 而一化之所待乎!

卓(탁) : 높다

泉(천) : 샘

涸(학) : 마르다

陸(육) : 육지

呴(구) : 숨을 내쉬다

濕(습) : 젖다

濡(유) : 적시다

沫(말) : 물거품

江湖(강호) : 강과 호수

塊(괴) : 덩어리

壑(학) : 산골짜기

夜半(야반) : 밤중

昧(매) : 어리석다

遯(둔) : 달아나다

恆(항) : 항상

係(계) : 매다, 묶다

해설

세상에는 사람이 할 수 없는 일들이 많다. 장자는 운명과 자연의 섭리를 말한다. 죽고 사는 것은 인간이 정할 수 있는 것이 아니다. 그러므로 운명이다. 지구가 자전하고 사계절이 변하는 것은 자연의 섭리다. 모든 문제는 어쩔 수 없는 일을 그대로 받아들이지 못했을 때 생겨난다. 인간의 삶이 자연스러운 것이라면 죽음도 자연스러운 것이다. 그런데 사람들은 사는 것은 좋아하고 죽는 것은 싫어한다. 좀 이상하지 않은가?

3

도에는 실제 내용이 있고 또 그것이 우리에게 영향을 미친다는 점은 분명하지만, 우리가 느낄 수 있을 정도로 드러나는 행위를 하지는 않고 그 형태가 보이지도 않는다. 마음으로 전해질 수는 있지만, 말로 전달할 수는 없고, 마음으로 깨달을 수는 있지만, 눈으로 볼 수는 없다. 도를 있게 한 또 다른 근원이 있지는 않고, 도 자체가 모든 것의 근원이 되는데, 천지가 생겨나기 이전의 아득한 옛날부터 이미 있었다.

도는 귀신과 제왕을 신령하게 만들어 주며, 천지를 낳는다. 도는 태극보다 더 높이 있으면서도 스스로 높다고 여기지 않고, 육합보다 가장 깊은 곳보다 더 깊은 곳에 있으면서도 스스로 깊다고 여기지 않는다. 천지가 생겨나기 이전부터 있었으나 스스로 오래되었다고 여기지 않고,

아득한 상고 시절만큼 더 나이를 먹었으나 스스로 늙었다고 여기지 않는다.

시위씨는 도를 얻어서 천지를 통솔했고, 복희씨는 도를 얻어서 원기를 조화시켰으며, 북두성은 도를 얻어서 영원토록 일정한 방향을 지니게 되었고, 해와 달은 도를 얻어서 영원히 쉬지 않고 운행하게 되었다. 감괴는 도를 얻어서 곤륜산을 다스리게 되었고, 풍이는 도를 얻어서 황하에서 노닐었으며, 견오는 도를 얻어서 태산에 거처했고, 황제(黃帝)는 도를 얻어서 하늘에 올라갔으며, 전욱은 도를 얻어서 북방의 현궁에 살게 되었고, 우강은 도를 얻어서 북극에 자리 잡았으며, 서왕모는 도를 얻어서 소광산에서 자취를 알 수 없을 정도로 편안히 거처할 수 있었고, 팽조는 도를 얻어 유우 시절부터 오패의 시절까지 아주 오랫동안 살 수 있었으며, 부열은 도를 얻어서 무정을 도와 천하를 차지한 뒤, 동쪽의 유성과 기미성을 타고 올라가 수많은 별과 나란히 있게 되었다.

夫道, 有情有信, 無爲無形. 可傳而不可受, 可得而不可見. 自本自根, 未有天地, 自古以固存. 神鬼神帝, 生天生地. 在太極之上而不爲高, 在六極之下而不爲深. 先天地生而不爲久, 長於上古而不爲老. 豨韋氏得之, 以挈天地. 伏犧氏得之, 以襲氣母. 維斗得之, 終古不忒. 日月得之, 終古不息. 堪坏得之, 以襲崑崙. 馮夷得之, 以遊大川. 肩吾得之, 以處太山. 黃帝得之, 以登雲天. 顓頊得之, 以處玄宮. 禺強得之, 立乎北極. 西王母得之, 坐乎少廣, 莫知其始, 莫知其終. 彭祖得之, 上及有虞, 下及五伯. 傅說得之, 以相武丁, 奄有天下, 乘東維, 騎箕尾而比於列星.

情(정) : 실정, 실상

神(신) : 신통하게 하다

鬼帝(귀제) : 귀신은 감배, 풍이, 견오 등을 가리키고, 제왕은 시위씨, 복희씨, 황
　　　　제 등을 가리킨다.

太極(태극) : 모든 존재 가운데 가장 높은 지위에 있다고 여겨지는 것

六極(육극) : 육합(六合), 즉 위, 아래, 동, 서, 남, 북의 여섯 가지 방향을 가리킨다.

豨韋氏(시위씨) : 사람 이름. 전설 속의 제왕이다.

挈(설) : 창조하다, 개벽하다

伏犧氏(복희씨) : 사람 이름. 전설 속의 제왕이다.

襲(습) : 합치다, 조화되다

維斗(유두) : 북두성

忒(특) : 틀리다, 어긋나다

息(식) : 휴식하다

堪坏(감괴) : 곤륜산의 신

崑崙(곤륜) : 전설 속의 산

馮夷(풍이) : 황하의 신

肩吾(견오) : 태산의 신

黃帝(황제) : 사람 이름. 전설 속의 제왕이다.

顓頊(전욱) : 사람 이름. 전설 속의 제왕이다.

玄宮(현궁) : 북쪽의 궁궐

禺強(우강) : 북쪽 지방을 지키는 전설 속의 신

西王母(서왕모) : 전설 속의 여신

少廣(소광) : 서쪽의 끝에 있다고 전해지는 전설의 산

彭祖(팽조) : 사람 이름. 오래 산 것으로 유명한 인물이다.

有虞(유우) : 순임금

五伯(오백) : 춘추시대의 다섯 임금

傅說(부열) : 은나라 재상

武丁(무정) : 은나라 임금. 부열을 등용하여 신하로 삼았다.

奄(엄) : 모두

東維(동유) : 동쪽의 별똥별

箕尾(기미) : 각각 기와 미라는 이름의 별

해설

본격적으로 '도(道)'에 관해 설명하고 있다. 위의 이야기에서 알 수 있는 도의 특징을 정리하면 다음과 같다.

1) 도는 사람이나 사물과 같은 물질이 아니다. 어떠한 원리, 원칙, 이치, 법칙, 상태를 말하는 단어다. 왜냐하면 도는 분명히 우리에게 영향을 미치지만 보고 듣고 경험할 수 없는 것이라고 했기 때문이다.

2) 도는 세상 모든 사물과 현상의 근본이 되는 원리다. 예를 들어, 하늘에서 눈이 내리고, 더우면 얼음이 녹고, 사람이 태어나서 늙어 죽는 이 모든 일이 왜 일어나는지를 설명해 주는 것이 바로 도다.

그렇다면 도를 얻는다는 것은 무엇을 뜻할까? 내용을 살펴보면, 여러 사람과 사물이 도를 얻었을 때 어떠한 성질을 갖게 되었는지를 설명하고 있다. 쉽게 이야기하면 이런 것이다. 해와 달은 매일같이 번갈아서 뜨고 진다. 이런 일정한 법칙을 가능하게 하는 것이 바로 도다. 따라서 도를 얻는다는 것은 '타고난 성질'을 갖게 되었다는 말과 같다. 도는 신비롭거나 특별한 것이 아니라, 모든 사물과 현상에 들어 있는 기본적인 성질을 부여하는 원리인 것이다.

4

남백자규가 여우(女偊)라는 사람에게 물었다. "당신은 나이가 많은데 마치 얼굴빛은 어린아이와 같습니다. 비결이 무엇입니까?"

여우가 말했다. "도를 들었기 때문이겠지."

남백자규가 말했다. "도라는 것이 배워서 터득할 수 있는 것입니까?"

여우가 말했다. "허, 어떻게 가능하겠는가! 그대는 그럴 만한 사람이 못 된다. 저 복량의 같은 사람은 성인이 될 자질은 가졌지만, 성인으로 나아갈 수 있는 도가 없다. 나는 성인의 도는 있으나, 성인이 될 자질이 없다. 만약 내가 복량의에게 성인의 도를 가르쳐준다고 하면 복량의는 성인이 될 수 있을지도 모를 일이다. 꼭 그가 아니더라도 성인이 될 자질을 가진 자에게 성인의 도를 전해준다면 역시 쉽게 깨달음을 얻을 것이다. 내가 그에게 성인으로 나아갈 수 있는 도를 알려줘서 그가 3일만 그것을 지켜나간다면, 그는 천하를 잊어버릴 수 있을 것이다. 계속 그것을 지켜나가 7일째가 되면 그는 만물을 잊어버릴 수 있을 것이다. 다시 9일째가 되면 자신의 생명에 집착하지 않을 수 있다. 자신의 생명에 집착하지 않을 수 있다면, 마음은 지극히 맑은 상태가 된다. 마음이 지극히 맑은 상태에 이르면 모든 상대적인 관념에서 벗어날 수 있다. 모든 상대적인 관념에서 벗어나게 되면 시간의 흐름조차 잊게 된다. 시간의 흐름을 잊는 순간 죽음과 삶이라는 관념에서 벗어난 경지로 들어갈 수 있다. 도는 만물을 생성하고 소멸하게 하지만, 정작 그 자체에는 생성도 소멸도 없다. 도는 만물을 내보내면서 한편으로 만물을 받아들이고, 만물을 파괴하면서 한편으로 만물을 이루어낸다. 이것을 '혼란 속의 고요'라고 말한다. '혼란 속의 고요'는 우선 혼란함이 있은 뒤에 이루어지는 것이다."

남백자규가 말했다. "당신은 대체 어디서 그런 가르침을 들었습니까?"

여우가 말했다. "나는 부묵의 아들에게서 도를 들었는데, 부묵의 아들은 낙송의 손자에게서 들었고, 낙송의 손자는 첨명에게서 들었고, 첨명은 섭허에게서 들었고, 섭허는 수역에게서 들었으며, 수역은 오구에게서 들었고, 오구는 현명에게서 들었고, 현명은 삼료에게서 들었고, 삼료는 의시에게서 들었다."

南伯子葵問乎女偊曰: "子之年長矣, 而色若孺子, 何也?" 曰: "吾聞道矣." 南伯子葵曰: "道可得學邪?" 曰: "惡! 惡可! 子非其人也. 夫卜梁倚有聖人之才而無聖人之道, 我有聖人之道而無聖人之才, 吾欲以教之, 庶幾其果爲聖人乎! 不然, 以聖人之道告聖人之才, 亦易矣. 吾猶守而告之, 三日而後能外天下. 已外天下矣, 吾又守之, 七日而後能外物. 已外物矣, 吾又守之, 九日而後能外生. 已外生矣, 而後能朝徹. 朝徹, 而後能見獨. 見獨, 而後能無古今. 無古今, 而後能入於不死不生. 殺生者不死, 生生者不生. 其爲物, 無不將也, 無不迎也. 無不毀也, 無不成也. 其名爲攖寧. 攖寧也者, 攖而後成者也." 南伯子葵曰: "子獨惡乎聞之?" 曰: "聞諸副墨之子, 副墨之子聞諸洛誦之孫, 洛誦之孫聞之瞻明, 瞻明聞之聶許, 聶許聞之需

役, 需役聞之於謳, 於謳聞之玄冥, 玄冥聞之參寥, 參寥聞之
疑始."

南伯子葵(남백자규) : 〈제물론〉편에 등장하는 남곽자기(南郭子綦), 〈인간세〉편에
　　　　등장하는 남백자기(南伯子綦)와 동일한 인물로 볼 수 있다. 장자가 지어낸
　　　　가상의 인물이다.

女偊(여우) : 가상의 인물. 도를 터득한 인물로 등장한다.

孺子(유자) : 어린아이

卜梁倚(복량의) : 사람 이름

庶幾(서기) : 거의 ～일 것이다.

參(삼) : 셋

朝徹(조철) : 아침이 되어 날이 밝는 것. 도를 얻어 세상의 이치를 밝게 아는 것을
　　　　가리킨다.

見獨(견독) : 유일한 것을 보는 것. 세상 모든 변화 속에 있는 단 하나의 절대적인
　　　　이치를 파악하는 것을 의미한다.

將(장) : 내보내다

迎(영) : 맞이하다

攖寧(영녕) : 혼란 속의 고요

副墨(부묵) : 사람 이름. 문자(文字)를 뜻함

洛誦(낙송) : 사람 이름. 암송(暗誦)을 뜻함

瞻明(첨명) : 사람 이름. 명철한 견해를 뜻함

聶許(섭허) : 사람 이름. 마음으로 깨닫는 것을 뜻함

需役(수역) : 사람 이름. 실천을 뜻함

於謳(오구) : 사람 이름. 노래하며 읊조리는 것을 뜻함

玄冥(현명) : 사람 이름. 침묵을 뜻함

参寥(참요) : 사람 이름. 아득히 광활함을 뜻함

疑始(의시) : 사람 이름. 까마득한 시원의 경지를 뜻함

해설

도를 어떻게 하면 깨달을 수 있는지를 말하고 있다. 장자에 따르면 도는 어디까지나 스스로 깨닫는 것이다. 삶과 죽음이 다르지 않은 것을 알고, 세상의 만물이 서로 다르지 않은 것을 알게 된다면 자연스럽게 도의 경지에 이를 수 있게 된다고 말한다.

뒤 구절에서 도가 전해진 과정을 말한 것은 도를 깨닫는 과정에 대한 비유적인 설명이다. 여기에서 등장하는 이름은 장자가 지어낸 가상의 인물인데, 실은 그 이름 하나하나에 의미가 담겨 있다. 이 점에 주의하여 살펴볼 필요가 있다.

5

자사, 자여, 자려, 자래 네 사람이 함께 이야기를 나누고 있었다. "그 누가 과연 '무(無)'를 머리로 여기고, 삶을 척추로 여기며, 죽음을 꽁무니로 여길 수 있을까? 그 누가 삶과 죽음, 있음과 없음이 다 한가지라는 것을 알 수 있을까? 만약 그런 사람이 있으면 그와 벗이 되고 싶네."

이렇게 말하고 네 사람은 서로를 바라보며 싱긋 웃었다. 이렇게 서로 마음이 통한다는 것을 확인한 이들은 서로 벗이 되었다. 이런 일이 있은 후, 자여가 병에 걸리게 되었는데 자사가 병문안을 왔다.

자여가 자사에게 말했다. "세상을 만든 조물주는 참으로 대단하단 말

이지! 내 몸을 이처럼 구부정하게 만들어 버리지 않았나."그의 말처럼 자여의 등은 굽어서 불쑥 튀어나왔고, 내장은 위로 솟구쳤으며, 턱은 배꼽 밑에 숨어버렸고, 어깨는 정수리보다 높이 올라갔고, 뒤로 틀어 올린 상투 머리가 하늘을 가리키고 있었다. 이처럼 음양의 기가 조화를 잃어 버렸음에도 마음만은 여유롭고 평온해 보였다. 다시 한 번 그는 몸을 비틀거리면서 우물로 걸어가 자신의 모습을 비추어 보면서 말했다.

"아! 조물주여! 내 몸을 이렇게나 구부정하게 만들어 버렸구려."

자사가 그 말을 듣고 말했다. "자네는 그것이 싫은가?"

자여가 말했다. "그럴 리가, 내가 왜 싫어하겠나? 만약 내 왼쪽 팔을 점점 변화시켜서 닭으로 만들어 버린다면 나는 이왕 그렇게 된 김에 울음소리로 새벽을 알리겠네. 만약 내 오른쪽 팔을 점점 변화시켜서 활로 만들어 버린다면, 나는 그걸로 새를 잡아 구워 먹겠네. 만약 내 꽁무니를 수레로 만들고 내 정신을 말로 만든다면 나는 그것을 타고 다닐 테니 다른 수레가 굳이 필요하지 않겠지.

인간의 삶이란 그저 태어날 때를 만난 것일 뿐이며, 죽음 또한 자연스러운 도리를 따르는 것일 뿐이네. 적절한 때에 따르고 자연스러운 도리에 순응한다면 슬픔이나 즐거움이 마음속으로 들어오지 못하네. 예부터 '속박에서 해방되다'라고 말하는 것이 바로 이를 가리키지. 그런데 스스로 이 속박에서 벗어날 수 없는 까닭은 외부 사물에 깊이 얽매어 있기 때문이네. 외부 사물을 따르는 것은 자연을 따르는 것보다 못함이 분명한데, 내가 왜 이런 병을 싫어하겠나?"

얼마 후에는 갑자기 자래가 병에 걸리게 되었다. 그는 호흡이 거칠어지고 숨이 가빠 금방이라도 목숨이 끊어질 것 같았다. 아내와 자식들이 자래를 빙 둘러싸고 울고 있었는데, 문병을 온 자려가 그 모습을 보고 가족에게 말했다. "저리 물러가라. 죽는 것은 그저 변화의 일부일 뿐이니 소란스럽게 하지 말아라!"

가족이 물러간 뒤 자려는 문에 비스듬히 기댄 채 자래에게 이야기했다. "조물자는 정말로 놀랍구나. 자네를 또 어떻게 만들고 어디로 데려가려는 것일까? 자네를 쥐의 간으로 만들거나 아니면 벌레의 날갯죽지로 만들어 버리려는 것은 아닐까?"

자래가 대답했다. "부모는 자식에게 동서남북 어디건 가도록 명령할 수 있지. 음양의 기운이 인간에게 명령하는 것도 이와 마찬가지네. 음양의 기운이 변화하여 내가 죽음에 이르게 되었는데 내가 이를 듣지 않는다면 나는 자연의 변화를 어기는 셈이네. 누구의 잘못이겠나? 자연은 내게 형체를 주었고 삶을 주어 나를 활동하게 했고 늙음을 주어 나를 편안하게 만들었고 이제는 죽음을 주어 쉬도록 만들려 하네. 그러니 만일 내가 삶을 좋은 것으로 생각했다면 죽음도 좋다고 생각해야 하지 않겠나?

여기 훌륭한 대장장이 한 명이 있다고 해보세. 그가 쇠붙이를 녹여서 물건을 만들려고 하는데, 갑자기 쇠붙이가 일어나 펄쩍 뛰면서 '나는 꼭 막야와 같은 명검이 될 것이다!'라고 말한다면 대장장이가 뭐라고 생각하겠나? 참으로 불길한 쇠붙이라고 생각하겠지. 마찬가지로 이미 인간의 모습으로 태어났는데도 '나는 오직 사람으로만 살겠다! 사람으로만 살겠다!'라고 말한다면, 조화자는 참으로 불길한 인간이라 생각할 것이 아니겠나? 천지를 마치 용광로와 같다고 생각하고, 세상 만물을 만드는 조화자를 위대한 한 명의 대장장이라 생각한다면 무엇이 된다 한들 상관이 있겠는가?" 말을 마친 자래는 스르르 깊은 잠에 빠졌다가 기쁜 듯 다시 깨어났는데, 마치 세상을 떠났다가 다시 세상에 태어난 것과 같은 모습이었다.

子祀, 子輿, 子犁, 子來四人相與語曰: "孰能以無爲首, 以生爲脊, 以死爲尻, 孰知死生存亡之一體者, 吾與之友矣." 四人相視而笑, 莫逆於心, 遂相與爲友. 俄而子輿有病, 子祀往問之. 曰: "偉哉! 夫造物者, 將以予爲此拘拘也!" 曲僂發背, 上有五管, 頤隱於齊, 肩高於頂, 句贅指天. 陰陽之氣有沴, 其心閒而無事, 跰䟾而鑑於井, 曰: "嗟乎! 夫造物者又將以予爲此拘拘也!" 子祀曰: "汝惡之乎?" 曰: "亡, 予何惡! 浸假而化予之左臂而爲雞, 予因以求時也, 浸假而化予之右臂以爲彈, 予因以求鴞炙. 浸假而化予之尻以爲輪, 以神爲馬, 予因以乘之, 豈更駕哉! 且夫得者, 時也, 失者, 順也, 安時而處順, 哀樂不能入也. 此古之所謂縣解也, 而不能自解者, 物有結之. 且夫物不勝天久矣, 吾又何惡焉?" 俄而子來有病, 喘喘然將死, 其妻子環而泣之. 子犁往問之. 曰: "叱! 避! 無怛化!" 倚其戶與之語曰: "偉哉造物! 又將奚以汝爲? 將奚以汝適? 以汝爲鼠肝乎? 以汝爲蟲臂乎?" 子來曰: "父母於子, 東西南北, 唯命之從. 陰陽於人, 不翅於父母, 彼近吾死而我不聽, 我則悍矣, 彼何罪焉! 夫大塊載我以形, 勞我以生, 佚我以老, 息我以死. 故善吾生者, 乃所以善吾死也. 今之大冶鑄金, 金踊躍曰 '我且必爲鏌鋣', 大冶必以爲不祥之金. 今一犯人之形, 而曰 '人耳! 人耳', 夫造化者必以爲不祥之人. 今一以天地爲大鑪, 以造化爲大冶, 惡乎往而不可哉!" 成然寐, 蘧然覺.

子祀(자사)·子輿(자여)·子犁(자려)·子來(자래) : 사람 이름. 가상의 인물들이다.

脊(척) : 척추

尻(고) : 꽁무니, 엉덩이

遂(수) : 드디어, 마침내

偉(위) : 크다, 위대하다

拘(구) : 굽다

僂(루) : 굽다

頤(이) : 턱

齊(제) : 배꼽

肩(견) : 어깨

頂(정) : 정수리

贅(췌) : 혹

跰(변) : 비틀거리다

嗟(차) : 감탄사

浸假(침가) : 차츰차츰 변화하다

輪(륜) : 수레

駕(가) : 마차

縣解(현해) : 속박이 풀림, 속박에서 벗어남. 〈양생주〉편에 나오는 말이다.

俄(아) : 갑자기

喘喘然(천천연) : 숨이 차 헐떡이는 모습을 표현하는 의성어

避(피) : 피하다, 물러나다

怛(달) : 슬퍼하다

蟲(충) : 벌레

臂(비) : 팔

翅(시) : 뿐, 다만

大塊(대괴) : 큰 덩어리, 대지. 대자연을 가리키는 말이다.

鑄(주) : 철을 만들다

踊躍(용약) : 뛰어오르다

鏌鋣(막야) : 명검의 이름

大冶(대치) : 훌륭한 대장장이

大鑪(대로) : 큰 용광로

寐(매) : 잠들다

蘧然(거연) : 깜짝 놀라는 모습을 표현하는 의태어

해설

자사, 자여, 자려, 자래 이 네 인물을 통해 장자는 삶과 죽음에 대한 생각을 말하고 있다. 이들은 갑작스럽게 찾아온 병으로 죽을 상황에 처하게 되었는데, 죽음을 슬퍼하거나 두려워하지 않는다. 태어나고, 늙고, 병들고, 죽는 것은 자연스러운 흐름이며 당연히 따라야 하는 자연의 이치다. 이것을 거부하는 것은 어리석기 그지없는 일이다.

장자는 삶과 죽음이 실은 다르지 않은 것이라고 생각한다. 삶이 있으면 당연히 죽음도 있고, 죽음이 있으므로 삶이 있는 것이 아닌가? 그 둘이 다르지 않기 때문에 삶에 집착하고 죽음을 두려워하는 것은 어리석은 일인 것이다.

6

자상호, 맹자반, 자금장 세 사람이 서로 이야기를 나누고 있었다. "그 누가 과연 마음을 비운 채 남들과 교제하며, 어떤 흔적도 없이 서로를 도울 수 있을까? 누가 과연 하늘에 올라가 안개 속에서 노닐며, 끝없이 넓은 세계를 돌아다니며 삶이라는 관념을 잊은 채 무한한 정신적 삶을 살아갈 수 있을까?" 이렇게 말하고 세 사람은 서로를 바라보며 싱긋 웃었다. 이렇게 서로 마음이 통한다는 것을 확인한 후에 그들은 친구가 되었다. 그런데 얼마 지나지 않아 자상호가 세상을 떠나고 말았다. 자상호의 장례식이 치러지기 전, 공자가 이 소식을 듣고 자공을 보내 장례를 돕게끔 하였다. 그런데 자공이 장례를 도우러 가보니 맹자반과 자금장 두 사람 중 한 명은 노래를 부르고 한 명은 거문고를 뜯으며 노래를 주고받고 있었다.

"아이고, 상호야! 아이고, 상호야! 자네는 참된 본원의 세계로 돌아갔건만, 우리만 아직 사람으로 살아가고 있구나!"

이 노래를 듣고 자공이 그들 앞에 달려가 물었다. "한 가지만 여쭤보겠습니다. 시신을 앞에 두고 노래를 부르는 것이 예의에 맞는 일입니까?"

두 사람이 마주 보고 웃으며 말했다. "이 친구가 어찌 예의의 진정한 뜻을 이해하겠나!"

자공이 돌아와 공자에게 이 일을 말했다. "대체 이들은 어떤 사람들일까요? 예절에 맞는 행동은 전혀 없고, 체면을 차리는 모습을 찾아볼 수가 없었습니다. 시신을 앞에 두고 노래를 하는데 슬픈 기색도 하나 없었습니다. 저는 도무지 무엇이라고 말해야 할지 모르겠습니다."

공자가 말했다. "그들은 이 세상의 밖에서 노니는 사람들이고, 우리는 세상 속에서 노니는 사람이다. 세상의 안팎은 서로 동떨어진 곳인데 내가 자네를 조문하라고 보내다니, 내 생각이 짧았구나. 그들은 조물자와 한데 어울려 천지 사이에서 노닌다. 삶을 우리 몸에 혹이 난 것처럼 여기며, 죽음은 그저 그 혹이 터진 것쯤으로 생각한다.

이러한 사람들이 죽음과 삶 가운데 무엇이 더 나은지를 생각하겠느냐? 인간이란 그저 갖가지 서로 다른 사물이 한 몸에 모여 잠시 함께 살아가는 것일 뿐이니, 이들은 간이나 쓸개 같은 내장을 잊고, 눈이나 귀 같은 감각기관도 잊어버렸다. 끝없이 반복되어 시작과 끝을 알 수 없는 자연의 흐름에 따라 자유로운 모습으로 속세의 밖을 떠돌아다니며 모든 인위를 벗어던졌는데, 굳이 세속의 예절에 얽매여 사람들의 시선을 신경 쓰겠느냐?"

자공이 물었다. "그렇다면 선생님은 어느 쪽에 속하십니까?"

공자가 말했다. "나는 하늘의 관점에서 보면 마치 형벌을 받는 것과 같이 세속에 얽매여 살아가고 있다. 그렇지만 자네들과 함께 이 세속을 벗어나고자 한다."

자공이 물었다. "어떻게 하면 됩니까?"

공자가 말했다. "물고기는 물에서 살고, 사람은 도에서 산다. 물에 사는 것은 연못을 파주면 살아갈 수 있고, 도에 사는 것은 억지로 일을 꾸미려 하지 말고 타고난 본성대로 살면 된다. 따라서 '물고기는 강이나 호수에서 모든 것을 잊고, 사람은 도의 세계에서 모든 것을 잊는다'라고 하는 것이다."

자공이 물었다. "기인이라고 하는 사람들은 대체 어떤 사람들입니까?"

공자가 말했다. "기인이란 보통 사람들과는 한참 다르며, 자연과 부합하는 인물이다. 이런 말이 있지 않더냐. '하늘 세계의 소인은 인간 세계에서는 군자이고, 하늘 세계의 군자는 인간 세계에서는 소인이다.'"

子桑戶孟子反子琴張三人相與語, 曰: "孰能相與於無相與, 相爲於無相爲? 孰能登天遊霧, 撓挑無極, 相忘以生, 無所終窮?" 三人相視而笑, 莫逆於心, 遂相與爲友. 莫然有間而子桑戶死, 未葬. 孔子聞之, 使子貢往侍事焉. 或編曲, 或鼓琴, 相和而歌曰:"嗟來桑戶乎! 嗟來桑戶乎! 而已反其眞, 而我猶爲人猗!" 子貢趨而進曰:"敢問臨尸而歌, 禮乎?" 二人相視而笑曰:"是惡知禮矣!" 子貢反, 以告孔子曰:"彼何人者邪? 修行無有而外其形骸, 臨尸而歌, 顏色不變, 無以命之. 彼何人者邪?" 孔子曰:"彼, 遊方之外者也, 而丘, 游方之內者也. 外內不相及, 而丘使女往弔之, 丘則陋矣. 彼方且與造物者爲人, 而遊乎天地之一氣. 彼以生爲附贅縣疣, 以死爲決疣潰癰. 夫若然者, 又惡知死生先後之所在! 假於異物, 托於同體, 忘其肝膽, 遺其耳目, 反覆終始, 不知端倪, 芒然彷徨乎塵垢之外, 逍遙乎無爲之業. 彼又惡能憒憒然爲世俗之禮, 以觀眾人之耳目哉!" 子貢曰:"然則夫子何方之依?" 孔子曰:"丘, 天之戮民也. 雖然, 吾與汝共之." 子貢曰:"敢問其方." 孔子曰:"魚相造乎水, 人相造乎道. 相造乎水者, 穿池而養給. 相造乎道者, 無事而生定. 故曰: 魚相忘乎江湖, 人相忘乎道術." 子貢曰:"敢問畸人." 曰:"畸人者, 畸於人而侔於天. 故曰: 天之小人, 人之君子. 天之君子, 人之小人也."

子桑戶(자상호)·孟子反(맹자반)·子琴張(자금장) : 사람 이름. 모두 가상의 인물이다.

霧(무) : 안개

撓挑(요도) : 이리저리 돌아다니다

葬(장) : 장례를 치르다

侍(시) : 시중들다, 돕다

編曲(편곡) : 노래하다

趨(추) : 달리다, 빨리 걷다

臨(림) : 임하다, 마주하다

尸(시) : 시신, 시체

修行(수행) : 갈고닦은 행동. 바로 앞의 예절[禮]을 가리킨다.

弔(조) : 조문하다

陋(루) : 속이 좁다, 어리석다

贅(췌) : 혹

疣(우) : 혹

痯(환) : 종기

潰(궤) : 무너지다

癰(옹) : 종기

端倪(단예) : 일의 시작과 끝

芒然(망연) : 멍한 모양을 표현하는 의태어

彷徨(방황) : 이리저리 돌아다니다

憒憒然(궤궤연) : 귀찮아하는 모습을 표현하는 의태어

戮(륙) : 벌하다. 천지륙민(天之戮民)은 자연의 순리를 따르지 않고 예절에 따라
　　　행동하는 공자 자신을 말한다.

穿池(천지) : 연못을 파다

養給(양급) : 기르다

畸(기) : 기이하다

侔(모) : 같다

앞의 이야기와 비슷한 내용의 이야기다. 여기에서도 역시 삶과 죽음의 문제는 인간이 따라야 하는 자연스러운 문제로 그려지고 있다. 삶을 기뻐할 필요도, 죽음을 슬퍼할 필요도 없다는 것이다. 하지만 보통의 인간들, 특히 유가에서는 죽음을 자연스럽게 받아들이지 않고 각종 억지스러운 예절로 받아들인다. 장자가 볼 때 이런 예절들은 자연스러운 도리에 반대되는 것들이다. 《장자》를 읽을 때는 항상 자연스러운 것과 인위적인 것이 무엇인지를 생각하면서 읽는 것이 좋다.

7

안회가 공자에게 말했다. "맹손재는 그의 어머니가 돌아가셨을 때, 소리 내어 곡은 하였지만, 눈물을 흘리지는 않았습니다. 깊이 상심하는 모습도 없었고 장례를 치르면서도 별로 슬퍼하지 않았습니다. 그런데도 장례를 잘 치렀다는 소문이 노나라 전체에 퍼졌습니다. 사실이 그렇지 않은데도 이렇게 이름을 날릴 수가 있단 말입니까? 참으로 이상할 따름입니다."

공자가 말했다. "맹손씨의 장례는 지극한 경지에 이르렀다. 장례 예절에 밝은 자들보다 더 높은 경지라 할 수 있지. 장례를 치르는 일은 간단히 하려고 해도 그렇게 하기 힘든데, 맹손씨는 그렇게 할 수 있었다. 그는 인간이 어떻게 해서 태어나고 어떻게 해서 죽게 되는지를 생각하지 않으니, 무엇을 앞에 두고 무엇을 뒤로 두어야 할지를 구분하지 않는다. 그저 자연에 순응하는 것으로서 어떻게 일어날지 모르는 변화에 대응할 뿐이지. 만약 변화하고자 한다면 변화하지 않는 것에 관해서는 어떻게 알겠으며, 변화하지 않는다면 변화하는 것에 관해서는 어떻게 알겠는가? 맹손씨를 보니, 오히려 우리가 아직 꿈에서 깨어나지 못한 듯 싶구나. 그는 사람의 육체는 변화해도 마음이 손상되지 않는다는 것을 알았고, 정신이 머무르는 육체는 죽어 없어져도 정신은 죽지 않는다는 것을 알았다.

맹손씨야말로 진정으로 깨어 있는 사람이다. 그는 남들이 다들 곡을 하니, 자신도 그에 호응하여 곡을 했을 뿐이다. 이것이 바로 맹손씨가 장례를 치렀던 방법이지. 사람들은 그저 잠시 지닌 것일 뿐인 육체를 가리켜 '자기 자신'이라고 말하는데, '내'가 '나'라는 것을 대체 어떻게 알 수 있단 말인가? 이렇게 생각해 보아라. 네가 꿈을 꾸면 새가 되어 하늘을 날기도 하고 물고기가 되어 연못으로 들어가기도 한다. 그렇다면 지금 말을 하는 나는 꿈을 꾸는 중일까 아니면 깨어 있는 중일까? 마음이 완전히 흡족한 경지에 이르면 웃음조차 미처 나오지 못하고, 웃음은 다른 조치가 없이도 저절로 흘러나오기 마련이다. 자연의 질서와 변화에 편안히 순응하여 변하는 현상에 대한 집착을 버린다면 모든 것이 하나로 어우러진 적막하고 고요한 경지로 들어갈 수 있을 것이다."

顔回問仲尼曰: "孟孫才, 其母死, 哭泣無涕, 中心不戚, 居喪不哀. 無是三者, 以善處喪蓋魯國. 固有無其實而得其名者乎? 回壹怪之." 仲尼曰: "夫孟孫氏盡之矣, 進於知矣. 唯簡之而不得, 夫已有所簡矣. 孟孫氏不知所以生, 不知所以死, 不知就先, 不知就後, 若化爲物, 以待其所不知之化已乎! 且方將化, 惡知不化哉? 方將不化, 惡知已化哉? 吾特與汝, 其夢未始覺者邪! 且彼有駭形而無損心, 有旦宅而無情死. 孟孫氏

特覺, 人哭亦哭, 是自其所以乃. 且也相與 吾之耳矣, 庸詎知
吾所謂吾之非吾乎? 且汝夢爲鳥而厲乎天, 夢爲魚而沒於淵,
不識今之言者, 其覺者乎, 其夢者乎? 造適不及笑, 獻笑不及
排, 安排而去化, 乃入於寥天一."

孟孫才(맹손재) : 사람 이름. 가상의 인물

哭泣(곡읍) : 장례를 치를 때 일부러 소리 내어서 우는 예절을 말한다.

涕(체) : 눈물을 흘리다

戚(척) : 근심하다

蓋(개) : 뒤덮다

厲(려) : 높다

沒(몰) : 빠지다

淵(연) : 연못

造適(조적) : 마음속으로 흡족한 상태

獻笑(헌소) : 겉으로 드러나는 웃음

排(배) : 소통하다. 여기에서는 자연의 변화를 따르는 것을 말한다.

寥(요) : 적막하다, 광활하다. 도의 경지를 표현하는 말이다.

해설

맹손재의 이야기로 다시 한 번 삶과 죽음에 대한 생각을 드러내고 있다. 맹
손재는 실제로는 삶과 죽음이 다르지 않은 것임을 알기 때문에 삶에 대해
서도, 죽음에 대해서도 별다른 감정이 없다. 다만 현실을 거부할 수는 없으
므로 남들처럼 장례 절차에 따라 장례를 치를 뿐이다. 하지만 중요한 것은
삶과 죽음을 변화의 일부분으로 받아들이고 있다는 점이다. 그러한 원리

를 깨닫는다면 삶과 죽음뿐 아니라 인간을 괴롭히는 수많은 문제에서 벗어날 수 있을 것이다.

8

의이자가 허유를 만나러 갔다. 허유가 말했다. "요임금이 자네에게 무엇을 가르쳐주던가?"

의이자가 말했다. "내게 '그대는 필시 인의를 몸소 실천하고 시시비비를 밝게 판별하는 자일 것이다'라고 말하더군요."

허유가 말했다. "그런데 여기에는 왜 왔는가? 요임금이 이미 인의라는 도덕으로 자네 몸에 낙인을 찍고 시시비비의 판단으로 자네의 코를 꿰어버렸는데, 자네가 마음대로 자유로운 변화의 세계에서 노닐 수 있겠는가?"

의이자가 말했다. "그렇기는 하지만 도의 근처에서라도 노닐고 싶습니다."

허유가 말했다. "그럴 수는 없네. 원래 장님은 아름다운 용모를 감상하지 못하고, 색맹은 오색찬란한 비단의 빛깔을 감상할 수 없는 법일세."

의이자가 말했다. "옛날의 유명한 미인인 무장이 자신의 미모를 신경 쓰지 않고, 장사였던 거량이 자신의 힘을 망각하고, 황제(黃帝)가 자신의 지혜를 잊을 수 있었던 것은 모두 도라는 거대한 화로 속에서 하나로 어우러졌기 때문입니다. 세상의 변화를 만들어 내는 조물자가 제 낙인을 지워주고 코를 매만져 선생을 따를 수 있게 할지 어떻게 알겠습니까?"

허유가 말했다. "아! 그럴지도 모르겠구나. 그럼 내가 자네를 위해 간단히 알려주겠네. 나의 스승이시여! 나의 스승이시여! 만물과 조화를 이루면서도 스스로 의롭다고 여기지 않고, 은혜가 온 세상에 퍼져도 스스로 인자하다고 여기지 않는구나! 아득히 먼 옛날보다 더 오래 이어져 왔으면서도 스스로 오래되었다고 여기지 않고, 천지를 품고 만물을 빚어내지만, 스스로 재주가 있다고 여기지 않는다. 이것이 바로 자네가 머물고자 하는 도의 경지라네."

意而子見許由, 許由曰:"堯何以資汝?"意而子曰:"堯謂我: '汝必躬服仁義而明言是非.'"許由曰:"而奚爲來軹? 夫堯既已黥汝以仁義, 而劓汝以是非矣, 汝將何以遊夫遙蕩恣睢轉徙之途乎?"意而子曰:"雖然, 吾願遊於其藩."許由曰:"不然. 夫盲者無以與乎眉目顏色之好, 瞽者無以與乎靑黃黼黻之觀."意而子曰:"夫無莊之失其美, 據梁之失其力, 黃帝之亡其知, 皆在鑪捶之間耳. 庸詎知夫造物者之不息我黥而補我劓, 使我乘成以隨先生邪?"許由曰:"噫! 未可知也. 我爲汝言其大略. 吾師乎! 吾師乎! 韲萬物而不爲義, 澤及萬世而不爲仁, 長於上古而不爲老, 覆載天地刻彫衆形而不爲巧. 此所遊已."

意而子(의이자) : 사람 이름. 가상의 인물

資(자) : 가르치다

躬(궁) : 몸소

服(복) : 실천하다

軹(지) : 문장을 끝맺을 때 사용하는 어조사

黥(경) : 죄인의 몸에 낙인을 찍는 형벌

劓(의) : 코를 베는 형벌

遙蕩(요탕) : 얽매이지 않고 자유롭게 노닐다

恣睢(자휴) : 자유롭게 거동하다

轉徙(전사) : 변화가 다채롭다

藩(번) : 경계

瞽者(고자) : 장님

盲者(맹자) : 장님. 여기에서는 색맹의 의미로 사용되었다.

黼黻(보불) : 자수. 옛날의 예복에 그려 넣었던 자수를 말한다.

無莊(무장) : 옛날의 유명한 미인 이름

據梁(거량) : 옛날의 유명한 힘이 센 사람 이름

黃帝(황제) : 옛날의 전설적인 임금 이름

鑪捶(노추) : 화로와 망치. 금속을 단련하여 물건을 만드는 도구

齎(제) : 부수다

澤(택) : 은혜를 내리다

刻彫(각조) : 빚어 만들다

해설

인의(仁義)라는 도덕 가치나 옳고 그름에 대한 판단은 자연을 거스르는 것임을 말하고 있다. 장자는 인간의 다양한 주장이 사실은 자연스러운 인간의 본성을 해치는 것이라고 생각하였다. 무엇이 옳다, 무엇이 아름답다고 말하는 것은 결코 '절대적으로 옳은 것'이 아니다. 따라서 그러한 구분에 얽매이지 않는 것이 중요하다.

9

안회가 말했다. "저는 좀 더 발전한 것 같습니다."

공자가 말했다. "무슨 말이냐?"

안회가 말했다. "예악을 잊게 되었습니다."

공자가 말했다. "좋구나, 하지만 아직은 멀었다."

안회가 얼마 후 다시 공자를 찾아와 말했다. "좀 더 발전한 것 같습니다."

공자가 말했다. "이번엔 무엇이냐?"

안회가 말했다. "인의를 잊게 되었습니다."

공자가 말했다. "좋구나, 하지만 아직도 멀었다."

안회가 얼마 후 다시 공자를 찾아와 말했다. "좀 더 발전한 것 같습니다."

공자가 말했다. "이번에는 무엇인지 말해보거라."

안회가 말했다. "좌망(坐忘)의 경지까지 도달했습니다."

그 말을 듣고는 공자가 놀라서 말했다. "어떤 상태에 도달했기에 좌망의 경지에 이르렀다고 한 건가?"

안회가 말했다. "몸뚱어리를 다 잊어버리고 총명함을 제거하여 육체에 대한 집착과 지모에 대한 속박을 탈피하고, 나아가 만물을 관통하는 위대한 도와 하나가 되는 것을 좌망이라고 하였습니다."

공자가 말했다. "만물을 차별 없이 하나로 볼 수 있다면 좋은 것도 싫은 것도 없을 것이며, 만물의 변화에 몸을 맡긴다면 어느 하나의 상태에 집착하지 않게 된다. 정말로 훌륭하구나! 나도 너를 따라서 배워야겠구나!"

顔回曰: "回益矣." 仲尼曰: "何謂也?" 曰: "回忘禮義樂矣." 曰:

"可矣, 猶未也." 他日, 複見, 曰:"回益矣." 曰:"何謂也?" 曰:"回
忘仁義矣." 曰:"可矣, 猶未也." 他日, 複見, 曰:"回益矣." 曰:
"何謂也?" 曰:"回坐忘矣." 仲尼蹴然曰:"何謂坐忘?" 顏回曰:
"墮肢體, 黜聰明, 離形去知, 同於大通, 此謂坐忘." 仲尼曰:
"同則無好也, 化則無常也. 而果其賢乎! 丘也請從而後也."

益(익) : 더하다, 발전하다

仁義禮樂(인의예악) : 이 네 가지는 유가에서 강조한 윤리 덕목이다. 장자는 이런

　　　　인위적인 도덕규범이 인간의 자연스러운 본성을 해친다고 생각했다.

蹴然(축연) : 깜짝 놀라는 모습을 표현하는 의태어

墮(타) : 버리다

肢體(지체) : 팔과 다리, 몸통

黜(출) : 물리치다

聰明(총명) : 귀와 눈의 작용. 감각을 말한다.

해설

좌망(坐忘)이라는 중요한 용어가 다시 등장하고 있다. 좌망이란 '가만히 앉
은 채 잊어버린다'는 뜻으로 풀이된다. 이는 도를 깨닫기 위해 장자가 중요
하게 생각한 실천 방법이다. 그런데 중요한 것은 무엇을 잊어버리느냐 하
는 것이다. 장자가 말한 좌망이 아무런 생각을 하지 않고 모든 것을 잊어버
린다는 뜻이 아니기 때문이다. 장자는 자신의 사사로운 생각과 견해를 잊
고, 그로부터 생겨나는 온갖 대립적이고 차별적인 구분과 분별을 잊으라
고 하였다. 장자의 관점에서 세상 만물은 절대적으로 고정된 것이 없다. 자
신의 고정된 생각과 견해로 고정되지 않은 세상을 바라보면 문제가 생긴

다는 것이다.

10

자여와 자상은 서로 친구 사이였다. 어느 날 장마가 시작되어 열흘
동안이나 계속되자 자여가 혼자서 생각했다. '자상의 집이 가난하니 굶
주려 병을 얻을지도 모르겠구나!' 그러고는 음식을 싸서 자상을 찾아갔
다. 자상의 집 앞에 도착해서 보니, 자상이 거문고를 뜯으며 노래를 부
르고 있었는데, 그 노랫소리가 마치 우는 소리와 같았다. "아버님입니
까? 어머님입니까? 하늘입니까? 사람들입니까?" 그의 노랫소리는 들
릴 듯 말 듯 미약했고, 읊조리는 가사 또한 박자에 맞지 않았다.

자여가 궁금하여 들어가 물었다. "부르는 노래가 대체 왜 그런가?"

자상이 말했다. "대체 누가 나를 이러한 지경까지 몰아넣었는지 정말
궁금하네만, 도무지 무엇 때문인지 알 수 없네. 설마 부모가 자식이 가
난하기를 바라겠나. 게다가 하늘은 공평하게 만물을 포용하고, 땅 역시
공평하게 만물을 짊어지는데 설마 나만 유독 가난하게 만들었겠나? 대
체 나를 이리 만든 것이 무엇인지 생각을 해보았으나 도무지 알 수가 없
단 말이지. 그런데도 이러한 지경에 처하게 되었으니, 그저 타고난 명이
아닐까 싶네!"

子輿與子桑友, 而霖雨十日. 子輿曰: '子桑殆病矣!' 裹飯而往
食之. 至子桑之門, 則若歌若哭, 鼓琴曰: "父邪! 母邪! 天乎!
人乎!" 有不任其聲而趨擧其詩焉. 子輿入, 曰: "子之歌詩, 何
故若是?" 曰: "吾思夫使我至此極者而不得也. 父母豈欲吾貧

哉? 天無私覆, 地無私載, 天地豈私貧我哉? 求其爲之者而不
得也. 然而至此極者, 命也夫!"

子輿(자여)·子桑(자상) : 사람 이름. 가상의 인물

霖雨(임우) : 장마

裹(과) : 싸다

食(사) : 먹이다

趨(촉) : 빠르다

해설

자연은 사람들을 차별하지 않는다. 그저 있는 그대로 대할 뿐이다. 그렇다
고 우리가 자연으로부터 모두 똑같은 것을 받아 태어나는 것은 아니다. 능
력이 좋은 사람도 있고, 재물을 많이 가진 사람도 있다. 하지만 이러한 현
실을 슬퍼할 필요는 없다. 넓게 본다면 이러한 차이는 결코 다른 것이 아니
기 때문이다. 우리가 다르다고 생각하는 것들을 그저 '내게 주어진 것[命]'
으로 받아들이는 자세가 필요하다.

제7편

응제왕 應帝王

1

설결이 왕예에게 질문을 했는데, 네 번이나 물었는데도 왕예는 네 번다 모른다고 하였다. 설결은 모르는 것이 진정으로 아는 것이라는 왕예의 뜻을 눈치채고 뛸 듯이 기뻐하였다. 그러고는 포의자에게 달려가 그이야기를 해주었다.

포의자가 말했다. "자네는 이제야 알았는가? 저 훌륭하다고 말하는유우씨도 태씨보다는 못하다. 유우씨는 인의를 내세우며 사람들을 모았기 때문에 인재를 얻을 수는 있었지만, 애초에 인위적인 경지에서 벗어나지는 못했지. 반면 태씨는 잠잘 때는 더없이 편안한 모습이었고 깨어 있을 때는 유유자적하고 느긋하게 행동했으니, 그를 말이라고 부르는 사람도 있고, 소라고 부르는 사람도 있었네. 그렇지만 그의 지혜는정말로 믿을 만했고, 덕은 아주 진실했지. 그는 단 한 번도 인위를 일삼지 않았다네."

齧缺問於王倪, 四問而四不知. 齧缺因躍而大喜, 行以告蒲衣子. 蒲衣子曰：“而乃今知之乎? 有虞氏不及泰氏. 有虞氏, 其

猶藏仁以要人, 亦得人矣, 而未始出於非人. 泰氏其臥徐徐,
其覺于于, 一以己爲馬, 一以己爲牛, 其知情信, 其德甚眞, 而
未始入於非人."

齧缺(설결)·王倪(왕예)·蒲衣子(포의자) : 사람 이름. 모두 가상의 인물이다.

有虞氏(유우씨) : 순(舜)임금을 말한다. 유가 사상을 대표하는 인물로 그려지고
　　　　　있다.

泰氏(태씨) : 고대의 전설적인 임금인 복희씨를 가리킨다. 유가 사상을 비판하기
　　　　　위한 더 훌륭한 인물로 등장하고 있다.

非人(비인) : 여기에서 인(人)의 의미는 인위적인 경지를 가리킨다. 대립과 차별
　　　　　이 존재하는 세계를 말한다.

臥(와) : 눕다, 누워 자다

徐徐(서서) : 여유로운 모습을 표현하는 의태어

于于(우우) : 느긋한 모습을 표현하는 의태어

해설

〈응제왕〉이라는 제목은 '제왕이 되기에 적합한 자격'으로 이해할 수 있다.
남을 다스리는 위치에 있는 사람은 어떠한 경지를 깨달아서 그에 적합하
게 정사를 펼쳐야 하는지를 말하는 것이다. 그런데 이 편에는 인간이 중요
하다고 여기는 가치들을 전부 비판하고 부정하는 내용이 많다. 장자가 진
정으로 강조하는 것은 인간이 억지로 만들어 낸 가치를 초월해서 자연의
원리로 나아가야 한다는 것이기 때문이다.

2

견오가 광접여를 만나러 갔을 때 광접여가 말했다. "예전에 자네가 일중시를 만났을 때 그가 뭐라고 말하던가?"

견오가 말했다. "'임금이 스스로 규칙과 제도를 잘 만들어 내서 백성들을 다스린다면 누가 감히 듣지 않을 수 있으며 그 누가 교화되지 않겠는가?'라고 말하더군."

광접여가 말했다. "그것은 거짓된 덕이다. 그러한 방식으로 세상을 다스리는 것은 마치 바다 한가운데 강을 파내서 길을 내는 것과 같고, 모기의 등에 산을 짊어지게 하는 것과 같다. 과연 성인의 정치가 외적인 부분을 다스리는 것이겠는가? 성인은 만물의 본성에 따라 행동하므로 사람들이 각자의 능력을 다 발휘하도록 할 수 있다. 한낱 새조차 높이 날아서 화살의 위협을 피하고, 생쥐조차 신을 모신 제단 아래 굴을 깊이 파서 사냥을 피할 줄 아는데, 너는 이 두 미물만큼도 이해를 못하는구나!"

肩吾見狂接輿. 狂接輿曰: "日中始何以語女?" 肩吾曰: "告我君人者以己出經式義度, 人孰敢不聽而化諸!" 狂接輿曰: "是欺德也. 其於治天下也, 猶涉海鑿河而使蚉負山也. 夫聖人之治也, 治外乎? 正而後行, 確乎能其事者而已矣. 且鳥高飛以避矰弋之害, 鼷鼠深穴乎神丘之下, 以避熏鑿之患, 而曾二蟲之無知!"

肩吾(견오)·狂接輿(광접여)·日中始(일중시) : 사람 이름. 가상의 인물

經式義度(경식의도) : 모두 규범, 법도, 제도, 규칙 등을 말한다. 합쳐서 '여러 가지 규칙이나 제도'로 풀이할 수 있다.

涉海(섭해) : 바다를 맨발로 걸어서 건너는 것을 말함

鑿河(착하) : 강을 맨손으로 파내는 것을 말함

蚉(문) : 모기

確(확) : 확실하다

繒弋(증익) : 각각 활과 화살을 가리킨다. 화살로 사냥을 한다는 뜻

鼷鼠(혜서) : 생쥐

穴(혈) : 굴

神丘(신구) : 토지신을 모신 제단으로 함부로 파헤쳐서는 안 되는 곳이다.

熏鑿(훈착) : 연기를 피우거나 땅을 파서 동물을 사냥하는 일

而(이) : 어조사. 여기에서는 '너'라는 2인칭 호칭으로 사용되었다.

曾(증) : 어조사. 여기에서는 별 의미가 없다.

해설

임금이 억지로 규칙과 제도를 만들어 내서 그것으로 백성을 다스리는 행위를 비판하고 있다. 장자가 보기에 그런 방식은 마치 걸어서 바다를 건너는 것과 같이 불가능한 일이다. 사람들이 타고난 성질은 각기 다 다른데 똑같은 제도를 적용하면 올바르게 다스릴 수 없을 것이라는 생각이다.

3

천근이 은산의 남쪽을 여행하다가 요수라는 강에 이르러 우연히 무명인을 만나게 되자 그에게 이렇게 물었다. "천하를 다스리는 방법을 여쭙고 싶습니다."

무명인이 말했다. "물러가라. 자네같이 식견이 좁은 자가 어찌 이러

한 질문을 하는가? 나는 지금 세상을 움직이는 조물자와 함께 어울리고 자 한다. 그러다가 싫증이 나면 다시 아득히 높이 나는 새를 타고 세상 밖으로 날아올라 아무것도 없는 땅을 여행하고 끝없이 펼쳐진 드넓은 벌판에서 노닐 것이다. 그런데 너는 지금 천하를 다스리는 일 따위로 내 마음을 어지럽히려 하는가?"

　천근이 재차 질문하자, 무명인이 말했다. "마음을 덤덤하게 두고, 기 운을 고요하게 유지하라. 만물이 스스로 그러한 바를 따른 채, 그 어떤 사사로운 뜻도 개입시키지 않는다면 천하는 저절로 다스려질 것이다."

　天根遊於殷陽, 至蓼水之上, 適遭無名人而問焉, 曰: "請問爲 天下." 無名人曰: "去! 汝鄙人也, 何問之不豫也! 予方將與造 物者爲人, 厭, 則又乘夫莽眇之鳥, 以出六極之外, 而遊無何 有之鄕, 以處壙埌之野. 汝又何帠以治天下感予之心爲?" 又 復問. 無名氏曰: "汝遊心於淡, 合氣於漠, 順物自然而無容私 焉, 而天下治矣."

天根(천근) : 사람 이름. 가상의 인물

殷陽(은양) : 땅 이름, 은산의 남쪽이라는 뜻이다.

蓼水(요수) : 강 이름

無名人(무명인) : 사람 이름. 가상의 인물

鄙(비) : 비열하다, 천박하다

豫(예) : 즐거워하다

厭(염) : 싫증나다

莽眇(망묘) : 아득히 높고 멀다

壙埌(광랑) : 끝없이 넓고 황량하다

淡(담) : 덤덤하고 담백하다

漠(막) : 적막하다

容(용) : 담다, 포용하다

해설

비슷한 이야기가 반복되고 있다. 통치자가 자신의 의도를 버리고 사물이 각자 타고난 바를 잘 발휘하도록 한다면, 다른 어떤 인위적인 방식을 개입하지 않아도 저절로 다스려질 것이라 말한다.

4

양자거가 노담을 찾아뵙고 이렇게 물었다. "아주 재빠르고 과감하며 사리에 밝고 도를 배우기를 게을리하지 않는 사람이 있다고 하겠습니다. 이런 사람이라면 밝은 임금이 될 자질이 있다고 할 수 있을까요?"

노담이 답했다. "성인의 관점에서 본다면, 말단 관리들은 자신의 특기로 한 가지 일에 갇혀 몸과 마음이 괴로워지게 되었고, 호랑이와 표범은 자신의 아름다운 가죽으로 사냥꾼에게 쫓기는 신세가 되었으며, 원숭이나 사냥개는 그 재빠름으로 목줄에 묶이고 말았다. 이러한 자를 어찌 밝은 임금에 견줄 수 있겠는가?"

양자거가 깜짝 놀라 다시 물었다. "밝은 임금의 정치에 대해 알고 싶습니다."

노담이 말했다. "밝은 임금의 정치란, 업적이 세상을 뒤덮어도 자기 덕분이라고 드러내지 않고, 만물을 교화하면서도 백성들은 정작 자신이 무엇을 따랐는지조차 알아차리지 못하는 것이다. 따라서 그에게 분명히 공덕이 있으면서도 그를 찬양할 방법이 없다. 그는 만물이 스스로 즐거워하게 하는데, 본인은 감히 짐작도 할 수 없는 높은 경지에 서서 아무런 인위도 행하지 않고 마음을 자유롭게 노닐 뿐이다."

陽子居見老聃曰: "有人於此, 嚮疾强梁, 物徹疏明, 學道不勌. 如是者, 可比明王乎?" 老聃曰: "是於聖人也, 胥易技係, 勞形怵心者也. 且也虎豹之文來田, 猿狙之便, 執斄之狗來藉. 如是者, 可比明王乎?" 陽子居蹴然曰: "敢問明王之治." 老聃曰: "明王之治, 功蓋天下而似不自己, 化貸萬物而民弗恃, 有莫擧名, 使物自喜, 立乎不測, 而遊於無有者也."

陽子居(양자거)·老聃(노담) : 사람 이름. 가상의 인물. 노담은 노자의 이름을 빌려
　　온 것이다.

嚮疾(향질) : 움직임이 빠르고 민첩하다

强梁(강량) : 행동이 용감하고 굳세다

物徹(물철) : 만물을 밝게 꿰뚫다

疏明(소명) : 총명하고 똑똑하다

勌(권) : 게으르다

胥易(서역) : 잡다한 일에 두루 관심을 가지다

技係(기계) : 잡다한 기술에 얽매이다

怵心(출심) : 마음을 빼앗기다

虎豹(호표) : 호랑이와 표범

猿狙(원저) : 원숭이

執騺之狗(집리지구) : 이리 잡는 개. 사냥개를 가리킨다.

藉(자) : 노끈으로 묶음

化貸(화대) : 은혜를 베풀다

測(측) : 헤아리다

해설

좋은 정치란 겉으로 드러나게 해서는 안 된다는 점을 말하고 있다. 명성을 떨치는 것, 주장을 강하게 펼치는 것, 강력한 법과 제도를 시행하는 것 등은 전부 겉으로 분명히 드러나는 방식이다. 장자는 이러한 방식을 비판한다.

5

정나라에 계함이라는 이름의 신통한 무당이 살고 있었다. 얼마나 귀신같이 맞혀대는지, 사람들이 언제 죽고, 언제 태어나고, 무슨 일이 일어날지와 같은 운세를 날짜까지 정확히 맞혔다. 그래서 정나라 사람은 그를 보면 자신의 일을 예언할까 두려워 도망치기 바빴다. 하루는 열자가 그를 만나보고는 그의 신통함에 놀라 돌아와 호자에게 이렇게 말했다. "저는 처음에는 선생님의 도가 가장 깊다고 생각했는데, 이제 보니 선생님보다 더 깊은 분이 있는 것 같습니다."

호자가 말했다. "너에게 도의 껍데기는 다 전수해 주었는데, 알맹이는 아직 가르쳐주지 않았다. 그런데도 너는 진정으로 도를 터득했다고 생각하느냐? 암탉이 아무리 많아도 수탉이 없다면 어떻게 병아리가 생기겠느냐? 너는 고작 도의 껍데기를 가지고 세상 속에서 사람들의 신임을 얻고자 했구나. 그러니 남이 너의 관상을 쉽게 알아맞히는 것이다.

어디 한번 그를 데려와서 내 관상을 보게 하여라."

　다음 날, 열자가 계함을 데리고 호자를 만나러 왔다. 계함은 호자의 관상을 점치고 나와 열자에게 말했다. "허! 당신의 스승은 곧 죽을 것 같소. 살아날 방법이 없으니 열흘을 넘기지 못하겠소. 물에 젖어 완전히 꺼져버린 재와 같은 모습의 이상한 관상이었소."

　열자가 그 말을 듣고 눈물로 옷깃을 적시며 방으로 들어가 호자에게 사실을 알렸다. 호자가 그것을 듣고 말했다. "방금 나는 그에게 땅과 같은 고요하고 적막한 모습을 보여주었다. 우직하게 움직이지 않는데 그렇다고 멈추어 있지도 않으니, 그는 내 생명의 조짐이 완전히 막혀버렸다고 여겼을 테야. 어디 다시 한번 그를 데려와 보거라."

　다음 날, 열자는 다시 계함을 데리고 호자를 찾았다. 이번에는 계함이 관상을 보고 나와 이렇게 말했다. "다행이군! 당신의 스승은 나를 만나서 병이 나았소. 아주 생기가 넘치오. 어제는 생기가 막혀버린 모습을 봤는데, 오늘은 그렇지가 않소."

　열자가 그 말을 듣고 방에 들어가 호자에게 그 사실을 전하자, 호자가 이렇게 이야기했다. "방금은 내가 그에게 천지 사이에 생동하는 기운과 같은 모습을 보여주었다. 어떤 명예나 실리도 마음에 들어오지 않았으니 생명의 조짐이 내 발끝에서부터 올라와 온몸을 타고 흘렀다. 그는 이를 내가 살아날 조짐이라 여겼을 것이다. 어디 다시 한번 그를 데려와 보아라."

　다음 날, 열자는 다시 계함을 데리고 왔다. 이번에는 계함이 관상을 보고 나와 이렇게 이야기했다. "당신의 스승은 관상이 고르지가 않소. 이래서는 관상을 볼 수가 없구려. 관상이 일정해지기를 기다렸다가 다음에 다시 봐야겠소."

열자가 그 말을 듣고 방에 들어가 호자에게 사실을 말하자, 호자가 이렇게 이야기했다. "이번에 나는 그에게 어떤 흔적이나 조짐을 찾아볼 수 없는 고요한 모습을 보여주었다. 아마도 그는 내 모습에서 음양의 기가 잘 조화를 이룬 안정된 상태를 보았을 것이야. 그런데 생각해 보아라. 소용돌이치는 깊은 물도 연못이며, 고요히 멈추어 있는 물도 연못이며, 흘러가고 있는 물도 다 연못이다. 내가 가진 관상이 바로 이런 것이지. 내가 보여줄 수 있는 모습은 아홉 가지나 되지만 이제 겨우 세 가지를 보여주었을 뿐이다. 어디 또 한 번 데려와 보아라."

다음 날, 열자가 다시 계함를 데리고 왔다. 그런데 계함은 호자의 관상을 보자마자 제대로 서 있지도 못한 채 넋 나간 사람처럼 도망쳐 버리고 말했다. 호자가 열자에게 얼른 그를 따라가라고 시켜 열자가 계함을 쫓아갔으나, 결국 그를 찾지 못하고 돌아와 호자에게 말했다. "이미 어디론가 사라져 버렸습니다. 어디로 갔는지 알 수가 없어 그를 찾을 수 없었습니다."

호자가 말했다. "이번에는 내가 한 번도 내보이지 않은 본원의 모습을 그대로 보여주었다. 마음을 텅 비운 채 그를 따라 자연스럽게 변화하는 모습을 보여주었으니, 그는 아마 내가 어떠한 사람인지조차 헤아릴 수 없는 느낌을 받았을 것이다. 풀이 바람에 흔들려 쓰러지고 물결이 파도를 따라 일렁이듯 내 모습도 자유자재로 변화하니 그는 놀라 도망쳐 버렸던 것이다."

그 말을 들은 열자는 그제야 자신이 아무것도 배우지 못했음을 깨닫고 집으로 돌아가 삼 년 동안 문밖을 나서지 않았다. 그는 아내를 대신해 밥을 지어, 마치 사람에게 먹이듯 돼지를 기르며 살았는데, 그 어떤 차별도 두지 않고 사물을 대했으며, 거추장스러운 겉치레를 벗어던지고 본래의 소박한 모습으로 돌아와 묵묵히 아무것도 모르는 듯, 어지러운 세상 속에서도 얽매이지 않고 평생을 살았다.

鄭有神巫曰季咸, 知人之生死存亡, 禍福壽夭, 期以歲月旬日, 若神. 鄭人見之, 皆棄而走. 列子見之而心醉, 歸, 以告壺子, 曰:"始吾以夫子之道爲至矣, 則又有至焉者矣." 壺子曰:"吾與汝旣其文, 未旣其實, 而固得道與? 衆雌而無雄, 而又奚卵焉! 而以道與世亢, 必信夫, 故使人得而相汝. 嘗試與來, 以予示之." 明日, 列子與之見壺子. 出而謂列子曰:"嘻! 子之先生死矣, 弗活矣, 不以旬數矣! 吾見怪焉, 見濕灰焉." 列子入, 泣涕沾襟以告壺子. 壺子曰:"鄕吾示之以地文, 萌乎不震不正. 是殆見吾杜德機也. 嘗又與來." 明日, 又與之見壺子. 出而謂列子曰:"幸矣! 子之先生遇我也. 有瘳矣, 全然有生矣. 吾見其杜權矣." 列子入, 以告壺子. 壺子曰:"鄕吾示之以天壤, 名實不入, 而機發於踵. 是殆見吾善者機也. 嘗又與來." 明日, 又與之見壺子. 出而謂列子曰:"子之先生不齊, 吾無得而相焉. 試齊, 且複相之." 列子入, 以告壺子. 壺子曰:"鄕吾示之以太沖莫勝. 是殆見吾衡氣機也. 鯢桓之審爲淵, 止水之審爲淵, 流水之審爲淵. 淵有九名, 此處三焉. 嘗又與來." 明日, 又與之見壺子. 立未定, 自失而走. 壺子曰:"追之!" 列子追之不及, 反, 以報壺子曰:"已滅矣, 已失矣, 吾弗及已." 壺子曰:"鄕吾示之以未始出吾宗. 吾與之虛而委蛇, 不知其誰何, 因以爲弟靡, 因以爲波流, 故逃也." 然後列子自以爲未始學而歸, 三年不出. 爲其妻爨, 食豕如食人. 於事無與親, 雕琢復朴, 塊然獨以其形立. 紛而封哉, 一以是終.

鄭(정) : 나라 이름

神巫(신무) : 신통한 무당

季咸(계함) : 사람 이름

旬日(순일) : 열흘

棄(기) : 버리다

心醉(심취) : 마음이 푹 빠지다, 매료되다

亢(항) : 대항하다, 겨루다

溼灰(습회) : 물에 젖은 재. 불이 다 꺼져서 활력을 잃은 모습을 뜻한다.

沾襟(첨금) : 눈물을 흘려 옷깃을 적시다. 옷깃으로 눈물을 닦는 모습을 표현하
　　　　　는 말이다.

鄉(향) : 방금, 막

杜(두) : 막다

機(기) : 조짐, 낌새

瘳(추) : 병이 낫다

天壤(천양) : 하늘과 땅

機發於踵(기발어종) : 낌새가 발뒤꿈치에서 나온다. 분명히 드러나지 않고 은은
　　　　　하게 낌새가 드러나는 모습을 표현하는 말이다.

齊(제) : 가지런하다, 일정하다

太沖(태충) : 고요하고 적막한 상태를 말한다.

莫勝(막승) : 이길 것이 없다. 서로 어떤 것이 나은지 구별되지 않아 평등한 상태
　　　　　를 말한다.

殆(태) : 거의

衡氣(형기) : 균형 잡힌 기운

鯢桓(예환) : 빙빙 돌다, 소용돌이

委蛇(위사) : 순종하다

弟靡(제미) : 무너지는 모습을 표현하는 말이다.

爨(찬) : 음식, 식사

雕琢(조탁) : 원래는 자연스러운 것을 억지로 조각하고 만들어 낸다는 의미이지
　　　　　만 여기에서는 반대로 인위적인 것들을 털어버리고 자연스러운 것을 찾
　　　　　는다는 뜻으로 사용되었다.

復朴(복박) : 본래의 소박한 상태로 돌아가는 것을 가리킨다.

塊然(괴연) : 홀로 있는 모습을 표현하는 의태어

紛而封哉(분이봉재) : 여러 가지 혼란스러운 일 속에서도 별로 신경을 쓰지 않는
　　　　　것을 의미한다.

해설

이 이야기에는 자유자재로 모습과 분위기를 변화시키는 호자가 등장한다.
호자가 보여주는 각각의 모습은 도에 다가가는 각종 경지를 나타내고 있
다고 볼 수 있다.

6

　명예의 주인이 되지 말며, 계략의 창고가 되지 말며, 독단적으로 일
을 처리하지 말며, 지모를 사용하려 들지 말라. 무궁한 도를 체득하고
아무런 조짐이 없이 적막한 경지에 마음을 두어야 한다. 하늘로부터 받
은 자연스러운 성질을 충분히 발휘하되 이를 스스로 자랑하지 말고, 그

저 마음을 비워야 할 뿐이다. 지인의 마음은 마치 맑은 거울과도 같아서 스스로 사물을 맞이하거나 배웅하지 않으며, 있는 그대로를 비출 뿐 마음에 담아두지 않는다. 따라서 만물을 포용하고 감당해 낼 수 있지만, 그로부터 마음이 상하는 법이 없다.

無爲名尸, 無爲謀府, 無爲事任, 無爲知主. 體盡無窮, 而遊無朕, 盡其所受乎天, 而無見得, 亦虛而已. 至人之用心若鏡, 不將不迎, 應而不藏, 故能勝物而不傷.

名(명) : 명예, 명성

尸(시) : 주인공, 주요 대상

府(부) : 창고

朕(짐) : 조짐, 징조

藏(장) : 감추다

7

남쪽 바다의 제왕 숙, 북쪽 바다의 임금 홀, 중앙 지역의 제왕 혼돈이 살고 있었다. 숙과 홀은 종종 혼돈의 영지를 찾아 함께 어울리곤 하였는데, 혼돈은 매번 이들을 극진히 대접하였다. 하루는 숙과 홀이 혼돈의 은혜에 보답하고자 함께 방법을 상의하였다. "사람에 몸에는 눈·코·입·귀의 일곱 구멍이 나 있어서 보고 듣고 먹고 숨 쉴 수 있는데, 유독 혼돈만 구멍이 없지. 우리가 그에게 구멍을 뚫어주면 어떨까?"

그렇게 상의하고는 날마다 한 개씩 구멍을 뚫어주었다. 그런데 일곱 번째 되는 날 구멍을 다 뚫자, 혼돈은 그만 죽어버리고 말았다.

南海之帝爲儵, 北海之帝爲忽, 中央之帝爲混沌. 儵與忽時
相與遇於混沌之地, 混沌待之甚善. 儵與忽謀報混沌之德,
曰:"人皆有七竅以視聽食息, 此獨無有, 嘗試鑿之." 日鑿一
竅, 七日而混沌死.

儵(숙)·忽(홀)·渾沌(혼돈) : 임금의 이름. 가상의 인물이다.

報(보) : 갚다

竅(규) : 구멍

해설

자연스러운 성질을 그대로 따르는 것이 중요하다는 내용을 담은 유명한
이야기다. 숙과 홀은 좋은 마음으로 혼돈에게 구멍을 뚫어주려고 했지만,
혼돈에게는 구멍을 뚫는 것이 바람직한 일이 아니었다. 내가 남에게 어떠
한 행동을 할 때에는 항상 이것을 생각해야 한다. 내 처지에서 옳은 것이
남에게도 반드시 옳다고 할 수는 없기 때문이다.

슬기바다 15

장자-내편(莊子-內篇)

초판 1쇄 인쇄일 2021년 08월 13일
초판 1쇄 발행일 2021년 08월 23일

지은이	장자
옮긴이	오현중
발행인	이지연
주간	이미숙
책임편집	정윤정
책임디자인	이경진 권지은
마케팅	이운섭 신우섭
경영지원	이지연

발행처	도서출판 홍익
출판등록번호	제 2020-000321 호
출판등록	2020년 08월 24일
주소	경기도 고양시 백석동 1324 동문굿모닝타워 2차 927호
대표전화	02-323-0421
팩스	02-337-0569
메일	editor@hongikbooks.com

ISBN 979-11-9180-501-7 (04100)